U0694411

社会网络分析法

Social Network Analysis 3Ed

原书第 **3** 版

约翰·斯科特（John Scott） **著**

刘 军 **译**

重庆大学出版社

版贸渝核字(2012)第 163 号

图书在版编目(CIP)数据

社会网络分析法:第 3 版/(美)斯科特
(Scott,J.)著;刘军译.—重庆:重庆大学出版社,
2016.2(2024.5 重印)
(万卷方法)
书名原文:Social network analysis
ISBN 978-7-5624-9663-2

Ⅰ.①社… Ⅱ.①斯…②刘… Ⅲ.①社会关系—研
究 Ⅳ.①C912.3

中国版本图书馆 CIP 数据核字(2016)第 017758 号

社会网络分析法
约翰·斯科特 著
刘 军 译
策划编辑:林佳木

责任编辑:李桂英 邬小梅 版式设计:林佳木
责任校对:贾 梅 责任印制:张 策

*
重庆大学出版社出版发行
出版人:陈晓阳
社址:重庆市沙坪坝区大学城西路 21 号
邮编:401331
电话:(023) 88617190 88617185(中小学)
传真:(023) 88617186 88617166
网址:http://www.cqup.com.cn
邮箱:fxk@cqup.com.cn(营销中心)
全国新华书店经销
重庆市国丰印务有限责任公司印刷

*
开本:940mm×1360mm 1/32 印张:6.375 字数:177 千
2016 年 2 月第 1 版 2024 年 5 月第 4 次印刷
ISBN 978-7-5624-9663-2 定价:35.00 元

作译者简介

约翰·斯科特(John Scott)

普利茅斯大学(Plymoth University)社会学教授和科研副校长
(Pro Vice-Chancellor for Research), 曾任埃塞克斯大学 (Essex
University)和莱斯特大学(Leicester University)社会学教授。他是英国
国家学术院院士(Fellow of the British Academy)、社会科学学术团体学
会会员(Academician of the Academy of Learned Societies in the Social
Sciences)和英国皇家艺术学会会员(Fellow of the Royal Society of
Arts)。他积极参与英国社会学会的活动,曾担任秘书、财务主管、分会
主席和会长等多种职位。他的近期著作有:《社会世界的概念化》
(*Conceptualising the Social world*)(剑桥大学出版社,2011 年)、《社会
网分析手册》(*The Sage Handbook of Social Network Analysis*)(与 Peter
Carrington 合编, Sage 出版社,2011 年)和《社会学》(*Sociology*)(与
James Fulcher 合著,牛津大学出版社,2011 年)。他的新著作《社会学
想象:维克托·布兰福德、帕特雷克·盖得斯及对社会重建的求索》
(*Envisioning Sociology*: *Victor Branford*, *Patrick Geddes*, *and the Quest
for Social Reconstruction*)(与 Ray Bromley 合著,SUNY 出版社,2013 年)
探索了英国社会学史。

刘军

西安交通大学社会学系教授、博士生导师。2003年毕业于北京大学社会学系,获博士学位。获北京大学2006年优秀博士学位论文二等奖。出版的著作有《社会网络分析导论》(2004)、《法村社会支持网络——一个整体研究的视角》(2006)、《整体网分析》(2014)、《网络交换论》(2014)(译著)等10余部,发表"关系对联盟的影响"(《社会学研究》2013年第6期)等论文近40篇。主要研究领域:关系社会学、网络结构与资源分配。主持2项国家社科基金项目、3项教育部人文社会科学研究项目、1项中国博士后科学基金项目。

译者前言

众所周知，中国社会是关系社会（不过，对于自然科学家来说，这个命题似乎需要论证）。如何研究关系？视角当然多种多样，既可以像林语堂在小说中描述的那样对关系进行细致的刻画，又可以像黄光国等社会心理学家那样对人情、面子和关系网进行质的描述，还可以运用在国外已经有80多年发展历史的社会网络分析方法对关系进行量化的表征，从而揭示关系的结构，解释一定的社会现象。社会网络分析的意义在于，它可以对各种关系进行精确的量化分析，从而为某种中层理论的构建和实证命题的检验提供量化的工具，甚至可以建立"宏观和微观"之间的桥梁。

在社会网络分析领域，国内外已经出版了20余种导论性质的教材，本书可谓其中比较有代表性的一种。本书就像一本手册，引导读者进入社会网络分析的研究领域。它既适用于社会网络分析的初学者，也适用于对社会网络分析有所了解的人士。虽然本书第1章最后一节介绍了本书的概要，不过这里还有必要结合译者的体会补充介绍本书的内容，以便读者对本书有一个更加深入的认识。

我们知道，常规统计学面对的数据都是属性数据（attribute data），即社会行动者自身拥有的数据（如个人的性别、年龄、受教育水平等，学校的学生数量、院士数量等，企业的规模、效益等，国家的人口数量、GDP等）。用来分析属性数据的统计技术和方法（如回归分析、方差分析、对数线性模型等）早已成熟，但是这些方法大都要求自变量之间相互独立，不能出现高度共线性问题，否则会使得参数估计不准确。然而，当我们研究两个或多个行动者之间关系的时候，面对的是关系数据。关系数据本身恰恰违反"独立性"这个假设,因而不能进行常规的统计推断(个体网的一些指标可利用常规统计方法来计算)。社会网络分析适用于分析关系数据,因而在很大程度上不同于常规的量化方法。因此,本书第1章明确地区分了关系数据和属性数据,为后续的章节奠定了数据分析的基础。

第2章比较详细地介绍了社会网络分析的发展,认为其起源于社会计量学、图论、数学、社会心理学、社会学和社会人类学的研究,并简要介绍了社会物理学领域近期的网络研究。最后指出社会网络研究主要分为整体网研究与局部网研究两大类。如何收集和分析关系数据?这是第3章探讨的内容。本章探讨了关系数据的收集、整理、存储和选择等问题。收集到的关系数据如何表征?主要有两种方法,即图和矩阵。因此,第4章介绍了社群图和矩阵的有关知识,介绍了个体网络的密度和整体网密度的计算方法。

在描述网络特征的时候,既可以描述每个点的特点,又可以把该网络看成是一个整体,描述整个网络的特征。怎样描述每个点的特征呢?一种重要的角度就是计算与该点有直接联系的其他点有多少,这个值就是"中心度";怎样描述整个网络的特征呢?一种方法就是计算出一个指标,用它来描述该网络在多大程度上围绕着一个点而建立起来,这个值就是"中心势"。因此,第5章讨论了"中心度"和"中心势"指数,该章是对权力的量化研究。作者明确指出,中心度特指单个行动者的中心性,中心势特指一个图向核心点靠拢的程度,因而特指一个图的中心性。作者用一个社区结构研究的例子对中心性研究进行了展示。

第6章考察了一些主要的子群概念,介绍了派系、成分、核、环和结群等子群概念。总的来讲,这些概念都是关于子群体的研究,主要用来揭示、解释一个网络中存在的子群体情况。第7章从社会网络的角度对我们熟识的位置、角色和聚类等进行了分析。本章重点探讨了点的结构对等性、规则对等性、聚类、块模型等内容,并用实际例子进行了说明。在译者看来,社会网络分析领域关于角色的形式化研究是对社会学理论的重要贡献。网络的动态演变是近些年来的研究热点，第8章对此进行了介绍，探讨了网络结构中的变迁模型。

第9章介绍了一些用来展示关系资料的形式化研究。本章超出了简单的社群图描述，利用社会结构的多维"图景"来对网络进行可视化处理。

本书既有社会网络理论上的分析，又有实际的例证和应用。本书作者特别介绍了社会网络分析在亲属关系、社区结构、连锁董事会以及精英结构研究中的应用，展示了网络分析的应用潜力。相信读者可通过阅读这些内容体会到社会网络分析的魅力。

在译者看来，本书只是一本导读性质的书，这一点也是斯科特在本书开头明确表示过的。如果通过阅读本书，读者对社会网络产生了浓厚的兴趣，并且确实希望进行这方面研究的话，那么仅仅阅读本书就不够了。读者还需要体察以下几方面。

首先，各种社会网络方法到底怎样应用？UCINET软件如何使用？读者不会从本书中得到太多的信息。从"即学即用"的角度上讲，尽管作者介绍了几种网络分析的软件，但是由于篇幅和本书的任务所限，作者不能对网络分析的具体操作技术进行细致的介绍。有关具体操作，请参见译者编著的《整体网分析——UCINET软件应用》（第二版）一书。

其次，社会网络分析近三十年的重要进展，如二方关系、三方关系、一般化的块模型、动态网络模型、指数随机图模型（p＊模型）、社会影响模型、社会选择模型等最新成果没有充分地体现在本书当中。尽管这也不是本书的任务，但是对于希望进入网络分析前沿研究的学者来说，阅读本书之后，还需要跟踪更新的文献，并有所创新。

再次，在译者看来，我们不应该仅仅把社会网络分析看成是一种工具或者一套工具，而应该看成是一种方法论，即方法论的关系论。也可以把网络分析看成是一种关系论的思维方式。这种思维方式告诉我们，我们生活的世界是一个关系的世界，我们与他者是不可分的，是"共在"的，我们的思想、行为、生活不是独立的。这是一种关系论的视角,而不是简单的"他者"视角。这种视角恰恰体现了 20 世纪学术思潮的转向,即从实体论走向关系论(参见刘军、杨辉,2012,从实体论到关系论——关系社会学的认识论,《北方论丛》,第 6 期)。关系论的视角已经体现在哲学、政治学、经济学、社会学、心理学、人类学、国际关系学、管理学等很多学科中。

最后需要补充的是,如何解释社会网络研究的结果? 我们认为,有时候仅仅从社会网络的角度给出解释是不够的。在数学领域中有一个著名的定理——哥德尔不完全性定理。该定理告诉我们,任何公设系统都不是完备的,其中必然存在着既不能被肯定也不能被否定的命题,任何完备系统都不能仅仅利用自身的定理来解释。在社会网络分析中又何尝不是如此呢! 在一定意义上可以说,"网络是管道",管道的结构固然重要,但是管道内流通的内容也是我们不能忽视的。因此,社会网研究的结果需要结合抽象的"文化""地方性知识"等来说明。唯有如此,我们才可能理解、解释社会网络现象。

刘 军

2015 年 11 月 8 日

第3版前言

本书初版于1991年,再版于2000年,一直深受欢迎。我在第3版中保留了本书的基本结构,完全更新了参考文献和有关讨论。我也借此机会对文本进行了少许修改,尝试进一步提升本书的写作风格。另外,我用全新的一章讨论了网络动力学和网络变迁方面的研究。本书力图简化社会网络分析的技术,使之对于数学基础有限的读者来说也易于接受。然而,我希望本书的内容既满足初学者也满足高级研究者在当代技术信息方面的需要。在第3版的正文中加入了对软件的讨论,并且通篇展示了在使用软件时所需要的菜单选项。

在修订本书的过程中,很多同事、通信者和无名评审者提出了修改建议,笔者深表谢意。尽管不能都提及,我仍感谢这些令人舒畅的建设性的修改意见。以各种方式促进我对社会网络分析的理解,并且给本书有很大帮助的人士包括(按照字母顺序排列):

史蒂夫·博加迪(Steve Borgatti)、托尼·考克森(Tony Coxon)、尼克·克罗斯利(Nick Crossley)、马丁·埃弗里特(Martin Everett)、西格蒙德·格鲁姆(Sigmund Gronmo)、乔·莱文(Joe Levine)、贝思·明茨(Beth Mintz)、克莱德·米切尔(Clyde Mitchell)、罗布·莫肯(Rob Mokken)、迈克·施瓦茨(Mike Schwartz)、约翰·史蒂文斯(John Stevens)、弗兰斯·斯托克曼(Franks Stokman)、巴里·韦尔曼(Barry Wellman)、哈里森·怀特(Harrison White)和杨松(Song Yang)。

约翰·斯科特

目　录

1　**网络和关系** ………………………………………… 1

关系和属性 …………………………………………… 3

网络数据的分析 ……………………………………… 5

网络数据的解释 ……………………………………… 8

本书概要 ……………………………………………… 9

2　**社会网络分析的发展** ………………………… 12

社会计量分析和图论 ………………………………… 14

人际结构和派系 ……………………………………… 21

走向正式的结构模型 ………………………………… 30

哈佛的突破 …………………………………………… 37

社会物理学家的介入 ………………………………… 41

3　**关系数据的分析** ……………………………… 45

关系数据的收集 ……………………………………… 45

关系数据的选择和抽样 ……………………………… 47

关系数据的准备 ……………………………………… 56

关系数据的组织 ……………………………………… 57

4　**线、邻域和密度** ……………………………… 69

社群图和图论 ………………………………………… 70

个体中心密度和社群中心密度 ……………………… 75

关于绝对密度的题外话 ·················· 81

社区结构和密度 ······················ 83

5 **中心度、边缘性和中心势** ············· 90

局部中心度和整体中心度 ··············· 91

中心势和图的中心 ···················· 97

公司网络中的银行中心性 ··············· 102

6 **成分、核心与派系** ··················· 108

成分、循环和结群 ···················· 109

成分的轮廓 ························· 116

派系及其交织 ······················ 121

成分和引文圈 ······················ 127

7 **位置、集合和聚类** ··················· 133

点的结构对等性 ····················· 134

聚类：合并和分解诸点 ················· 136

用 CONCOR 建立块模型 ··············· 138

走向规则结构对等性 ·················· 147

企业连锁与参与 ····················· 149

8 **网络动力和网络变迁** ················· 155

建构网络结构变迁模型 ················· 156

检验各种解释 ······················ 159

9 **维度和展示** ······················· 163

距离、空间和量纲 ···················· 165

主成分和因子 ······················ 169

一些非量纲的方法 ···················· 172

网络可视化方面的进展 ················· 178

精英、社区和影响 ···················· 180

参考文献 ··························· 191

译者后记 ··························· 192

1

网络和关系

　　最初,社会网络分析是在伟大的人类学家拉德克利夫-布朗(Radcliffe-Brown)对结构的关切之中,以一种相对非技术化的形式出现的。从 1930 年代到 1970 年代,越来越多的社会人类学家和社会学家开始构建拉德克利夫-布朗所说的"社会结构"概念。在此过程中开始认真思考社会生活中的"织构"(fabric)和"网络"(web)这些隐喻。这些纺织式(textile)隐喻的目的是理解社会行动是如何"相互交织""互相关联"地组织起来的。社会"网络"这个隐喻正是从上述隐喻中走到前台,研究者才开始探讨社会网络的"密度"(density)和"组构"(texture)。然而,从 1950 年代开始,一小群专家开始用比较形式化的语言来转译这些隐喻。从 1970 年代初开始,在该领域出现了大量的技术性和专业应用方面的文献。社会网络分析的一些关键概念从这些文献中脱颖而出,从此以后,这些技术逐渐跻身数据分析的主流,并且得到了广泛的应用。

　　自 1970 年代以来,人们对社会网络分析技术的兴趣显著增长,并且自本书出版 20 多年以来更为突出。近期的增长部分体现在人们逐渐关注"网络化"在引领实践管理方面的重要性,部分体现在诸如Facebook 和 Twitter 这样的"社交"网站的激增上,这些网站能够为其使用者提供即时(有时却不需要)的"朋友"和"跟随者"网络。这些增长都鼓励人们检视使用社会网络分析的优势,而一旦面对技术性文献的时候,他们就发现社会网络分析的确是"技术性的"。技术性文献必然用很多高度技术化的和数学的语言加以刻画,而对于大多数认知到网络分析之潜力的人来说,他们发现自己很难把握这些语言。数学和方法论功底强的高级计算专家会生成诸多文本和源代码,而拥有具体兴趣点的实际研究者却很少有时间或倾向去把握这些文献。数学能力薄弱之人会发现这些文献令人生畏。方法论专家撰写的文本看似有介绍性,却往往不能充分地表达社会网络分析的应用性。

我不是一位受过数学训练的专家,而是一位运用社会网络分析的研究者,因为在我主持的一项企业权力研究计划中特别需要进行网络数据的分析。多年以来,我始终努力深入地理解在网络结构和动力学中涉及哪些主要的测度。本书试图把上述数学翻译为简单的语言(我希望它不会过于简化),也要评价特定的数学模型与特殊的研究需要之间的关联性。因此,本书的目的就在于根据这种经验对这些测度进行系统的总结,并展示其应用。我不想把本书写成一本对社会学中的结构分析进行全面介绍的专著(参见 Berkowitz,1982;Crossley,2010),也无意于述评现已发表的有关社会网络分析应用方面的大量文献(参见 Mizruchi and Schwartz,1987;Wellman and Berkowitz,1988)。在马克·格兰诺维特(Mark Granovetter)主编的一套丛书"社会科学中的结构分析"中,可以看到社会网络分析的许多重要的应用(如可参见 Mizruchi and Schwartz,1987;Schweizer and White,1998;Ansell,2001;Ikegami,2005)。我的目标是识别出在评价社会结构时使用的一些关键概念——如密度(density)、中心度(centrality)、派系(cliques)、块(blocks)等——并将对这些概念的数学讨论转译成易于理解的术语。

研究者必须**理解**自己使用的概念,这一点至关重要。例如,"派系"以及与之相关的各类概念都有众多不同的定义,研究者不能不加分析地使用"唾手可得"的计算机程序,不应假设该程序使用的派系概念与研究者头脑中的概念一致。正是出于这个原因,本书才通篇强调如何选择测度以及如何决定其在特定研究主题中的运用。这些事情总需要践行中的研究者作出**有根据的判断**。这些选择和抉择涉及理论问题和经验问题,不能仅根据得到部分理解(如果是这样的话)的数学测度来回避这些问题。只有当研究者清醒地理解某种特定测度的逻辑的时候,他(她)才能对该测度与某项特定的研究之间的关联性作出有根据的**社会学**判断。

关系和属性

首先,我们必须定义最适用于进行社会网络分析的数据类型。毫无疑问,那些对社会网络分析的应用感兴趣者已经对此有一些认识:可用它来研究亲属模式、社区结构、连锁董事(interlocking directorships)等。不过,如何清楚地理解这些数据类型的共同特点,这才是关键。在我看来,社会网络分析适用于分析"关系数据"(relational data),而用来分析其他类型数据的那些技术对生成此类数据的研究来说,其价值似乎是有限的。

社会科学数据的最普遍特点是,它们根植于文化价值和符号体系之中。与自然科学的物理数据不同,社会科学数据是通过意义、动机、定义和类型化(typification)建构起来的。众所周知,这意味着社会科学数据的生产涉及一个解释的过程。在这种解释过程的基础上,社会科学家就形成了不同的数据类型,适用于分析不同类型数据的方法也各不相同。

数据主要分为"属性数据"和"关系数据"两类。[1] 涉及能动者(agents)的态度、意见和行为方面的数据就是**属性数据**(attribute data)。这是由于它们被看成是隶属于作为能动者的个人或群体的财产、性质、特点等。例如,通过调查和访谈得到的资料常常被简单地看成是某些特定个体的属性,并且可以利用统计程序进行量化分析。最适合分析属性数据的方法就是"**变量分析法**"(variable analysis),这些方法把各种属性测量为一些特定变量(如收入、职业、教育程度等)的取值。

另一方面,**关系数据**(relational data)则是关于接触、关联、联络、群体依附和聚会等方面的数据。这类数据将一个能动者与另外一个能动者联系在一起,因而不能还原为单个行动者本身的属性。关系不是能动者的属性,而是能动者系统的属性;该系统是由多对互动的能动者连接而成的。适用于分析关系数据的方法就是**网络分析**,它认为关系表达了能动者之间的关联。当然,尽管可以对关系进行定量的统计计量,探究关系模式的统计显著性,不过网络分析也包含了一系列描述网络结构和发展的定性测度。

尽管属性数据和关系数据在有关方法的文献中得到了充分的讨论,但它们并不是社会科学中使用的仅有的两类数据。第三类数据可称为**观念数据**(ideational data),它直接描述的是行动的意义、动机、定义及类型化。尽管观念数据居于社会科学的核心,但是分析这类数据的技术却没有分析前两类数据的技术那样完善。韦伯(Weber,1920—1921)提出的类型分析(typological analysis)及各类话语分析法是最有成效的,但是这些方法需要进一步开发(参见 Layder,1992)。[2]

尽管存在着不同的数据类型(见图 1.1),每种数据又各有其适当的分析方法,但是用于生成这些数据的各种数据收集方法却没有什么独特之处。例如,收集属性数据的方法和收集关系数据的方法没什么差别。这三类数据常常一起收集,成为同一项研究的必要成分。例如,有关政治态度的研究可能将政治态度与群体成员和共同体依附感联系在一起;或者对连锁董事会成员的研究可能把成员与各个公司的规模和赢利联系在一起。不管是哪类例子,问卷法、访谈法、参与观察或者文献分析法等都可用于产生数据。近年来有关混合方法或多元方法研究的文献(Creswell,1994;Creswell and Plano,2007)广泛地讨论了这些组合的研究路数。混合方法在社会科学中本无新意,不过它们却作为一种系统的研究策略而被赋予一种综合之理。其目的是综合量化研究和质性研究的优势,将各自的劣势最小化,视这两种方法论为互补,从而允许对关系数据进行客观的、综合的三角检验

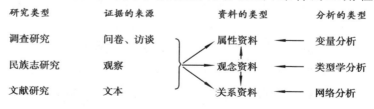

图 1.1　三类数据及其分析

（triangulation）。有关混合方法在社会网络分析中的应用,参见最新的述评（Hollstein and Dominguez,2012）。

例如,朋友关系研究一般延续莫雷诺（Moreno,1934）的开创性研究,他用问卷法考察了孩子们之间的择友情况。在此类研究中,研究者仅仅请回答者指出他们的朋友,询问的问题如"请说出你最常见到的朋友的名字"或者"请说出你的4个最亲近的朋友的名字"。当然,这种研究会引出一些方法论问题。人们发现,回答者难以回答一个选项不受限制的问题。有人可能认为自己说不出4个朋友的名字,有人又可能发现这种开放式的问题既耗时又乏味。[3]所以人们改用名册选友法（roster choice method）,问被调查者:"下面哪些人是你的朋友?"这种研究要求研究者具有充分的知识和认真的准备,因为他必须对展示在被调查者面前的名册进行编辑。但是,这类方法的优点是可作调整,即要求回答者对自己与朋友之间的交往程度进行分级,以表明关系的紧密性或重要性。然而,在这两种情况下,有关研究者的知识和被访者的合作的方法论问题与在收集有关态度和观点的信息时存在的问题完全一样。

在社会学传统所关注的主要问题中,关系数据居于核心,因为传统的社会学强调对社会行动的**结构**进行研究。结构建立在关系的基础上,因此,可以通过收集和分析关系数据来探究结构。悖谬的是,坊间关于研究方法和数据收集方法的大多数文献很少关注这类数据,而是关注如何用变量分析来研究属性数据。社会网络分析的形式的、数学技术针对的恰恰是关系数据,不过它们却是在研究方法的主流之外得到发展和讨论的。尽管网络分析在结构探究中可能已有很多重大的突破,但是对于希望应用该方法的很多人来说,仍然难以企及。

网络数据的分析

目前有各类计算机程序可用于社会网络分析,其中最易得也最重要的两款是 UCINET 和 PAJEK,本书也将在相应之处谈及它们的应用。

UCINET 是加州大学欧文分校（University of California,Irvine）的一

群网络分析者开发的,目前其研发小组成员包括史蒂夫·博加迪(Steve Borgatti)、马丁·埃弗里特(Martin Everett)和林顿·弗里曼(Linton Freeman)。[4]该程序最初是使用 BASIC 语言编写的模块,逐渐发展成为一个整合的 DOS 系统,后来作为 Windows 程序面世已有多年。这个程序用途广泛,简单易学,可通过一个层级性的菜单结构达至特定的选项和命令。本书也体现了这一点,以**菜单 1>菜单 2>命令**的形式得以展示,这样可以表明在选择某种测度时的菜单选择序列。这个程序包含了所有的基本图论概念、位置分析和多维量表分析。第六版 UCINET 的数据文件体现在矩阵形式,由简单的**字母-数字文件**组成。数据文件的行表示一个基本网络列表中的各行,但是标题行包含了行数、列数以及用来区分行和列的标签等信息。这个程序包含的内置算法可以转换其他类型的数据文件。除了以各种形式输出文件之外,UCINET 还有大量的转换工具可以将数据几乎无痕迹地转换成其他类型的社会网分析程序。

5

阐述数据文件的最简单的方法是利用直觉的、内建的(build-in)、数据表形式的数据输入系统,这可以从**数据**(DATA)菜单上获得。这种选项利用的是一种关联列表形式,针对每一个单位(如个人或组织)展示其连接的其他单位的编码数。除了利用 UCINET 的数据表进行输入和编辑之外,还可能输出(或输入)EXCEL 数据表。在输入初始数据之后,可以编辑数据文件,可以对它进行各种置换和转换,从而区分出可作深入分析的各个子集。例如,可以对行和列进行置换、归类或转置,也可以改变线的权重。后一种程序称为数据的"二值化",需要利用**转换**(TRANSFORM)菜单,这样处理之后,就容易使一系列数据文件备用于更复杂的分析。

社会网络分析的主要算法出现在 NETWORK(网络)菜单下,其子菜单包括 COHESION(凝聚性)、CENTRALITY AND POWER(中心度和权力)、SUBGROUPS(子群)、ROLES & POSITIONS(角色和位置)以及各类更专门的算法。子菜单 COHESION(凝聚性)可执行距离和密度的基本计算;CENTRALITY(中心度)子菜单提供有关接近性、中间性的各类测度,以及有关中心度和突出度的其他测度;SUBGROUPS(子群)子菜单提供了很多有力的技术用于检测派系情况;RIGION(分域)子菜单检测网络中的各类区域和部分。在 ROLES & POSITIONS(角色和位置)子菜单包含的程序可用于分析网络中的位置。最后,TOOLS(工具)子菜单用于执行多维量表分析、聚类分析、因子分析和对应分析等。本书将对所有这些术语进行解释。对网络数据的展示可以利用 UCINET 提供的独立的 NETDRAW 程序进行(参见下面的备选程序)。

PAJEK(这个斯洛文尼亚单词表示蜘蛛之意)程序的设计专注于处理非常大的数据库,当然它也可以处理小数据。其编写者是 Vladimir Batagelj 和 Andrej Mrvar,1996 年末发布并定期更新。武托·德·诺伊(Wooter de Nooy)率先制作了完整的 PAJEK 使用手册,其中包括大量实例(De Nooy et al., 2005)。[5]

这个程序用一个主窗口和各类附属窗口来展示结果和过程。在 PAJEK 中,与 UCINET 中的 DATA 和 TRANSFORM 对等的选项是 FILES 和 NET。FILES 菜单的选项包括对数据进行 read(读取)、edit(编辑)或 sort(分类)等,所处理的数据文件包括拥有标签的一系列点和一系列线。数据文件可以是初始的矩阵本身,也可以是分区或聚类分析的结果。利用 NET 菜单提供的命令可以对网络进行转置或化简。这个菜单也提供探测网络成分的命令。还有大量其他的菜单可执行分区和聚类分析,尤 6 其适用于降低巨型网络的规模,使之更易于分析。例如,巨型网络可以被分析和分区,然后再分别具体地分析各个分区。

PAJEK 专注的都是那种有效地分析大数据集合的程序,并不包含在 UCINET 中发现的综合性的系列网络测度,但是它的确允许对大数据进行有力的分析。然而,对于许多使用者来讲,该程序的 DRAW 菜单下出现的各类选项才最令人感兴趣。使用者在此可以找到程序并在屏幕上画出二维图和三维图来,画出的图可以着色,添加标签,从而展示图的核心特征。还有一些选项可用于旋转和转动图形,以便从各个角度加以审视,图上的点也可以用鼠标轻易拖动。这些操作的各个方面都可以得到精细的控制,所绘制的图可以输出成为各类图的形式,本书后文将对此有所讨论。PAJEK 也被置于 UCINET 中,使得这两个程序之间易于互换。

除此之外还存在大量其他程序,新的程序也不时出现,不过新程序常常是围绕着创新的,并且有时是不被熟悉的方法和测度来编写的。其中最重要的一种或许是 SIENA,可用它分析网络的变迁。只要你清楚地知道这些程序的功用,就很值得尝试使用。大多数程序都可以在 INSNA 网站的链接上找到,而 SOCNET 信息服务也会发布一些新的程序。[6]

网络数据的解释

随着社会网络分析的发展,很多人视之为一种新的理论范式,而不仅仅是一套收集数据的技术。例如,巴恩斯和哈拉雷(Barnes and Harary,1983)认为,我们有可能基于形式的概念发展出形式的理论。他们指出,只有当研究者超越为了纯描述的原因而使用形式的概念之后,社会网络分析的前景才能够实现(参见 Granovetter,1979)。数学是由定理组成的,它们指定了形式概念之间确定性的逻辑关系。巴恩斯和哈拉雷认为,如果形式概念被证明可用于对关系数据进行整理和组织,那么定理应该也可用于这些数据。进而,应用来自形式数学的定理就会"揭示模型在真实世界的应用,而这种模型有可能不被模型的设计者注意到或使用"(Barnes and Harary,1983:239)。

还有一些人更进一步认为社会网络分析构成了一种特定的理论范式。然而,这种理论进路的基础是什么,很少有共识。绝大多数人认为社会网络分析根植于某种形式的交换论(Emerson,1962,1964;Cook,1977,1982;Cook and Whitmeyer,1992;Willer,1999)。它有时候也被视为构成了一种更广的"交互论"的进路(transactionalist approach)(Bailey,1969;Boissevain,1974)或理性选择理论(rational choice theory)(Lin,1982. 也可参见 Banck,1973 和 van Poucke,1979)。从这个观点看,社会关系的建立和破裂被视为是具有反身性的能动者根据其自利性而行动时作出的理性决策。对很多人来说,这似乎是对社会网络分析者所强调的"交互性"和资源流动的一个似是而非的解释。然而,这个论证太受限定了。尽管人类行动者的确可能理性地行动,但他们却不会完全出于自利性来行动,也可能出于各类原因而合作。

艾莫白及其同事(Emirbayer,1997;Emirbayer and Goodwin,1994. 亦见 Berkowitz,1982)的观点更易于接受。他们倡导关系导向的社会学解释,他们视社会网络分析为这种导向的一种特定的补充。这种观点注意到了界定社会关系的主观意义,因而与文化理论紧密联系在一起(参见 White,1992a,1993,2008;亦见 Brint,1992 和 White,1992b 中的讨论。也可参见 Crossley,2010 和 Scott,2011b:第 6 章)。如此看来,很多关系理论就与社会网络分析技术一致了:不仅仅是交换论,还有结构功能论、结构主义和多种形式的马克思主义。社会网络分析提供了一系列关系分析测度的词汇表和集合,但是这不意味着接受一种特定的社会结构理论(不过可参见 Borgatti and Lopez-Kidwell,2011)。

近年来,社会网络分析也与一种特定的实质性理论——社会资本理论关联在一起,这种理论最初是由普特南系统地提出来的(Putnam,2000)。根据这种理论,个体能够利用社会资本来增进他们的优势和机会。社会网络就是一种特定形式的社会资本。这种理论带来了社会网络分析的一些重要的应用(Lin,2001;Burt,2005;Lin and Erikson,2008),并且可能受到已被关注的增长的"社交"网站(如 *Facebook*,*Myspace*,*Twitter*)的激励,尽管人们能够建立关联网络,能够将"朋友"视为社会资本的来源,社会网络分析的这种局限性也是很受限的。社会网络的确与作为社会资本的资源有关,但它含义更深,例如它们可以是经济交换网络和政治冲突网络等。同样,通过友谊和网站建立的"社会网络"仅仅是人们参与的多类社会关系中的一种而已。因此,必须将社会网分析看成是对社会结构的关系性质的一种综合的、全面的进路。

本书概要

本书是社会网络分析的一本导引或手册,而非需要一口气读完的讲义。我把一些辅助性说明和难解的技术放在脚注中,不过有一些复杂的公式仍有必要留在正文内,希望它们越少越好。我建议社会网络分析的初学者首先阅读第 2、3 章,然后泛读本书的其余章节,再返回到一些难点部分。对于已经熟悉社会网络分析的读者来说,他们可以反之,首先浏览第 2、3 章,然后重点阅读第 4 章到第 9 章的内容。如果在一项特定的研究中需要运用某种技术,那么与该技术相关的章节就应该精读。尽管后续的章节依赖于前文中提出的论证,但是当试图应用某种特殊技术的时候,都可以反过来视每一章为一个参考源。

第 2 章讨论社会网络分析的历史,考察它在小群体社会心理学中的起源,随后在有关工厂和社区的社会学及社会人类学研究中得到发展,接下来到 1970 年代由哈佛大学的社会学家和 1990 年代由物理学家作出了更精深的研究。本章展示了一些理论观点是如何在各类研究传统中出现的。自 1970 年代以来出现了关键性的研究工作,它们将一些各自独立发展的观点整合起来,本章将展示现有的各种模型和测度是这些观点累积的结果。

第 3 章将考察在界定社会网络的边界以及选择所研究的关系时出现的问题。本章也考察了基于特定个体的"个体网"分析与专注整体性质的整体网分析之间的关系。本章也讨论了社会网络分析的数据收集方法,通过讨论引入了社会网络分析的某些必备工具。特别是,本章介绍的矩社群图更是建立关系数据模型的简易且直观的方法。

第 4 章介绍社会网络的基本构成要素。本章首先考察了社会计量学的基本观念,即将网络表达为由"点"和"线"构成的"图",并且指出如何用它们提出一些概念,如"距离""方向"和"密度"等。在第 4 章的论证基础上,第 5 章讨论了点的"中心度"(centrality)和整体网的"中心势"(centralization),指出如何从局部的"个体中心"测度转向整体的"社群中心"测度。第 6 章考察在分析社会网络内部的子群时使用的主要概念——即网络分离而成的"派系"和"社会圈"。第 7 章转向探讨由社会关系界定的"位置"结构,并探讨这些位置以什么方式结合成为复杂的"拓扑"结构。第 8 章关注网络动力学问题,探讨网络如何随着时间而变。在解释网络动力学以及检验有关网络结构和变迁的备择假设时,统计学上近期出现一些争论,本章也要考虑这些争论。最后,第 9 章介绍展示关系资料的形式化方式,本章将超出简单的网

络图,走向社会结构的多维"图"的生成以及一系列网络结构图形化的
图论方法。

多数章节在结尾部分都考察了所讨论的测度在特定经验研究中
的应用。所评述的具体研究领域涉及亲属关系、社区结构、连锁董事
会以及精英权力等。之所以展示这些开创者的研究成果,目的是一窥
社会网络分析的潜力。

注释

1 这一区分取自韦尔曼(Wellman,1980)与伯科威茨和海尔(Berkowitz and
Heil,1980)的早期论述。

2 可参见一些有趣的尝试。如埃布尔(Abell,1986)将图论技术应用于对行动
的序列模式的分析,弗兰佐斯(Franzosi,2004,2010)利用图论产生了话语结构的
大量表述。尽管这些例子本身并不是社会网络分析的例子,但图论仍然是社会网
络分析的基础。

3 "选择提名四个朋友"这种情况尽管比较常见,但也很武断。不管在问题中
具体指定选择多少个朋友,类似这种武断性的问题仍然存在。有关问题提法方面
的问题将在第 3 章充分讨论。

4 UCINET 第六版(UCINET Version 6.0)(2007 年)。可从如下地址获取
(Analytical Technologies, PO Box 910359, Lexington, KY 40513)。售价 150 美元
(学生价为 40 美元)。UCINET 网站为 http://www.analytictech.com.

5 可从地址 http://vlado.mat.uni-li.si/vlado/vlado.htm.免费下载 PAJEK。同时
也可以下载使用手册。完整的介绍和手册参见(De Nooy et al.,2005:附录 1)。

6 INSNA 是一个互换信息和彼此提供智力支持的国际学术群体。该群体出
版一本研究通讯《联络》(*Connections*),参与主办《社会网络》(*Social Networks*)杂
志。其网址是 http://www.insna.org。该网址保留了《联络》的过刊内容,同时也提
供了其他社会网络地址的链接。要预订 SOCNET 网站,可发电子邮件至 listserv@
lista.ufl.edu。信中只需写"SUBSCRIBE SOCNET 你的姓名",当然需要用你的实际
姓名代替"你的姓名"。

2

社会网络分析的发展

构成当代社会网络分析发展的研究路数是非常多样的。在这个复杂而又令人着迷的发展历史中,这些路数相互影响,时而汇聚交融,时而分道扬镳。[1]不管怎样,社会网络分析的主流学术传统可以在这个复杂的历史中清晰地建构出来。在这种学统中主要有以下三个传统:社会计量学者,他们研究小群体,利用图论法推进了很多技术发展;1930年代的学者研究了人际关系的模式和"派系"的生成;人类学家基于这两种传统,考察了部落和乡村社会的"社区"关系结构。1960年代和1970年代,这些研究传统最终在哈佛大学汇聚,当代社会网络分析于此时诞生(参见图2.1)。

在1930年代,受沃尔夫冈·科勒(Wolfgang Köhler)的"格式塔"(Gestalt)理论的影响,一群德裔美国学者开始了认知心理学和社会心理学研究。这一工作促成了大量有关社群图和"群体动力学"问题的研究。他们利用实验室的实验法或类似实验法的个案研究考察了群体结构,探究了群体结构对信息和观念在群体中流动的影响。与此同时,哈佛大学的人类学家和社会学家致力于推进英国社会人类学家拉德克利夫-布朗(Radcliffe-Brown)的一些思想。他们在工厂和社区研究方面产生很多重要成果,这些成果强调了社会系统中非正式的人际关系的重要性。在英国,尤其是在曼彻斯特大学,另有一类研究推进了拉德克利夫-布朗的工作,这些研究重点分析了冲突和矛盾,并用这

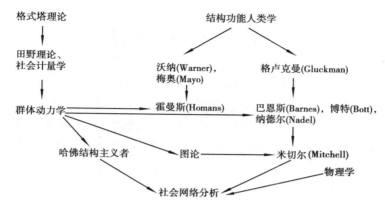

图 2.1 社会网络分析的学统

一思想来研究非洲的部落社会,稍后研究了英国的乡村和城镇。在早期传统的基础上,这些学者在将数学和实质性的社会理论结合方面作出了重大推进。然而,直到1960年代,社会网络分析才在方法论的完善方面有最终的突破。在哈佛大学,哈里森·怀特(Harrison White)开始扩展对社会结构的数学基础的研究,把北美前辈的诸多洞见锻造综合在一起,创造了一种独特的综合,并由他的弟子发扬光大。随着这些弟子供职于世界各地的众多院系,怀特的思想和英国研究者的工作结合在一起,成为一种复杂但越来越有条理的社会网络分析框架。近年来,许多物理学家开始探究各类网络,并应用于社会现象。他们在不考虑或没有认识到社会心理学、社会人类学和社会学先前的工作的情况下,却重新发现了大量的重要观念,但是在此过程中又引入了有关网络动力学的一些新观念。

　　本章将勾勒出社会网络分析的主要传统,介绍哈佛大学哈里森·怀特小组的主导性创新思想。然后总结社会物理学家近期的工作。这种评述将凸显在社会网络分析领域中持续存在的争论性课题,我将指出这些课题如何根植于社会学的一些实质性的核心问题之中。

社会计量分析和图论

　　心理学中的"格式塔"传统主要与沃尔夫冈·科勒的工作有关（参见 Köhler，1925），该传统强调组织化的模式，认为思想和观念是通过这些模式才得以结构化的。他们把这些组织化的模式看成是"整体"或系统，整体拥有不同于其"部分"的性质，并进而**决定**其"部分"的本质。例如，人们往往根据某些特定的方式来理解个体对象，因为从字面上讲，这些个体先入为主地存在于人脑中复杂的、有组织的概念图式之中。我们所理解的世间各物不能脱离这些心智图式，从根本上说，是由这些图式构成的。处于这种研究传统中的社会心理学强调这些概念图式的社会决定性，因而强调了群体组织及其相关的社会氛围对个人观念的影响。

　　1930 年代初，许多重要的格式塔理论家从纳粹德国逃亡到美国，其中库尔特·卢因（Kurt Lewin），雅各布·莫雷诺（Jacob Moreno，1925年移居到美国）和弗里茨·海德（Fritz-Heider）是受格式塔影响的社会心理学的著名倡导者。卢因在麻省理工学院建立了一个研究中心，后来把它搬到了密歇根。该中心关注所谓的"群体动力学"，成为研究社会观念和群体结构的重阵。另一方面，莫雷诺探讨了是否可能应用心理疗法来揭示择友的结构。他和他的同事们利用实验法、控制观察法和问卷法，致力于探索如下问题：人们的群体关系在哪些方面为他们的行动，进而为他们的个人心理发展既施加限制，又提供机会。尽管"社会计量"（sociometric）这个词尤其与莫雷诺相关，但该词恰当地描述了源于格式塔传统的常规的研究方式。

　　莫雷诺的研究深深地植根于针对人际关系的治疗导向，这反映了他早期在维也纳接受的医学和心理治疗方面的训练。他出版了一本重要著作（Moreno，1934。参见 Bott，1928），1937 年又创办了《社会计量学》（Sociometry）杂志。在这些著述中，莫雷诺的目标是考察精神健康与他所说的"社会构型"（social configuration）的结构性质是如何联系在一起的（Moreno and Jennings，1938）。这些构型是由人们参与其中的人际选择、吸引、厌恶、友谊以及其他关系等具体的模式带来的结果,这些模式也是大规模的"社会聚合"(social aggregates)(如经济和国家等)得以维持和再生产的基础。莫雷诺对小规模人际构型和大规模社会聚合之间关系的关注清楚地表达了德国古典社会学的一些重要观念,特别是在韦伯、滕尼斯(Tönnies)和齐美尔(Simmel)的著述中提出的观念。后者提出的"形式社会学"早就直接预设了许多社会计量学问题(Simmel,1908;Aron,1964)。

莫雷诺的主要创造是发明了"社群图",用它来表达社会构型的形式特征。²他认为,这些构型可用类似于空间几何中的图来表示,即用"点"代表个体,"线"代表个体之间的社会关系。这种观点现在是如此深入人心,以致难以评价其在1930年代的新颖之处。在莫雷诺之前,人们已经谈到了关系"网""社会网络结构"(social fabric)等概念,有时会谈到关系的"网络"等概念,但是无人尝试将该隐喻体系化为一种分析的图示。

对于莫雷诺来说,社会构型具有明确的、可区分的结构,研究者将这些结构绘制成社群图,从而对诸多渠道进行可视化处理,例如人们之间如何传递信息,如何相互影响。莫雷诺认为,构建的社群图可使研究者区分出领导者和孤立者,揭示出不对称性和互惠性,展示关联的渠道。他所使用的一个重要的社群图概念是社群"明星"(star),即那位经常被他人选定,从而拥有巨大声望和领导地位的人。对于莫雷诺来说,"明星"这个概念指的是有关群体成员之间关系的可视化图式。例如,在图2.2中,A被群体内的所有人选为朋友,而A反过来仅选择B和C为朋友。因此,A是该群体内具有吸引力的明星。这项工作对社区研究有一定影响(Lundberg,1936;Lundberg and Steele,1938),并成为教育社会学的一个重要领域(Jennings,1948;Evans,1962)。

卢因(Lewin,1936)在出版的书中介绍了他早期对群体行为的研究,他在书中将观点概括为:群体行为是由群体所处的社会力量场域决定的。他认为,社会群体存在于一个场中,场是由群体及其周围环境构成的社会"空间"。但是,不要认为群体的环境完全外在于和独立

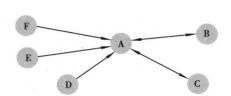

图 2.2　星形社群图

于群体。对群体成员确实起作用的环境称为感知之境（perceived environment），它就是符号互动论传统中的学者所说的"情境定义"，其社会意义是积极地建构出来的，即是群体成员在对其行动所处的情境有诸多感知和经验的基础上建构出来的。因此，群体及其环境就成为单个关系场中的要素。卢因认为，这个社会空间的结构性质可以利用拓扑学（topology）和集合论（set theory）的数学技术来分析（Lewin，1951）。用数学术语来讲，"场论"（field theory）的目的就是探索在一个关系系统中群体与其环境的互依性（Martin，2003）。这个观点使得卢因接近于后来一般系统论的发展（有关这种研究框架在社会学中的应用的论述，参见 Buckley，1967）。

　　拓扑学研究把社会场看成是由途径（paths）连着的点（points）构成的。如在社群图中一样，点代表个体、个体的目标或者行动等，而途径表示连接它们的互动或因果序列。因此，场论模型描述了社会构型中因果的、互动的互依性。各个点之间的连线把它们连在一起，逐条线的关联模式把场域分为若干离散的"域"。各个域之间由于缺乏沟通的途径而相互分离：途径存在于每个域的内部，而不是各个域之间。个体在其所处的社会世界中拥有的流动机会取决于其所处的不同场域之间的边界。由这些边界施加的限制就成为决定群体行为的"力量"。因此，全部社会场就是由各种力量构成的一个场域，这些力量作用于群体的成员，塑造着他们的行动和经验。

　　由海德倡导的另外一支认知心理学也为群体动力学理论的发展作出了重要贡献。他最初关注对态度和知觉进行的社会心理学研究，尤其关注一个人对待他人的各种态度如何达到一种"平衡"的状态。个人拥有的各种态度只有在不引起心理张力状态的时候才会在他

（她）的心中达到平衡。因此，心理平衡取决于个体拥有的各种态度互不矛盾。海德尤其关注人际关系的平衡，关注针对其他人的各种态度的一致（或者不一致）。例如，对于在情感上与其他两个人有密切关系的一个人来说，一旦这二人之间出现任何可察觉的冲突或敌意的时候，此人会作出怎样的反应，这是海德关注的问题。在这种情况下，整个态度场中出现了不平衡。海德（Heider，1946）认为，就最简单的情况而言，态度可分为积极态度和消极态度。当态度的符号都类似——都是"积极的"或者都是"消极的"时候，各个态度之间就存在"平衡"。例如，如果 A 喜欢 B，B 喜欢 C，那么，只有当 A 也喜欢 C 的时候，才能达到平衡态，因为此时所有的态度都是积极的。重要的是要认识到，与卢因一样，海德站在一种明显的"现象学"立场，它涉及"从焦点个体的角度领悟世界的方式"。从这种角度看，重要的问题不是 B 和 C 之间实际存在的关系，而是 A 对这种关系的（精确的或者别样的）感知："平衡"指的是一种心理状态，而不是一个社会群体中实际存在的任何关系。

　　作为一种社会分析的理论框架，场论本身似乎被证明是一种智识的死胡同，尽管如此，卢因倡导的群体关系数学模型却成为后续研究的坚实基础。尤其重要的是，在卢因的洞见基础上，多温·卡特赖特（Dorwin Cartwright）和数学家哈拉雷（Harary）共同开创了图论（graph theory）在群体行为方面的应用研究（Cartwright and Zander，1953；Harary and Norman，1953；也参见 Bavelas，1950）。图论最初是由康内格（König）于 1936 年提出来的，但是与 1930 年代在德国出版的许多著述一样，图论没有立即在智识世界中产生广泛的影响。直到 1950 年他的书在美国再版，并由哈拉雷和诺曼（Harary and Norman，1953）推进了该书思想的时候，图论相对于主流学术界的重要性才得以彰显。这些数学思想使得在群体动力学理论中出现重大突破成为可能。突破之处在于从个体心中的认知平衡转向社会群体中的人际平衡（interpersonal balance）。纽科姆（Newcomb，1953）是最早倡导这种转向的学者之一，他认为，两个关系密切的人有一种倾向，即他们对待第三个人或者事件的态度趋于一致。因此，一个群体内部的不同个体持有不同的态度,研究者可以构建这些态度之间的系统的互依性模型。后来,卡特赖特和哈拉雷(Cartwright and Harary,1956)提出的理论框架推广了这一论断。这些学者将卢因、莫雷诺和海德的洞见融为一体,形成一种新的更有力的综合(也参见 Harary et al.,1965,该书的准备工作自 1950 年代中期就开始了)。当然,利用数学来研究群体关系结构,这本身不是新观点,除了卢因的研究工作之外,在 1940 年代末期还出现了利用不同的数学模型作出的其他贡献(例如 Bavelas,1948;Festinger,1949)。然而,在卢因的研究基础上,卡特赖特、赞德(Zander)和哈拉雷在群体凝聚力、社会压力、合作、权力和领导力等方面提出了更有力的模型。

16

　　卡特赖特和哈拉雷(Cartwright and Harary,1956)已经勾勒了用点、线集合代表群体关系的基本思想——这也是莫雷诺的洞见。其结果是绘制出社群图或者“图”,它代表群体成员之间实际的人际关系网络,在他们看来,可以用图论的数学思想来分析这个网络。图论与许多人熟悉的数学中的变量图没有任何关系。一个图无非是由连接多个点的一系列线构成的,而图论是由一系列数学公理和公式组成的,这些公理和公式描述了由线连接的关系模式的性质。在卡特赖特和哈拉雷的著述中,图中的点代表个体,线代表个体之间的关系。图中的线可以被赋予一定的记号(+或者−),用来表示个体间的关系是“积极的”还是“消极的”,也可以用箭头表示关系的“方向”。例如,在线上赋予方向的目的是把 A 到 B 的方向和 B 到 A 的方向区分开:A 到 B 的关系可能是积极的(A 喜欢 B),而 B 到 A 的关系可能是消极的(B 讨厌 A)。莫雷诺的社群图(图 2.2)就是“有向”图的例子。构造了这种带“箭头”和“记号”的图之后,卡特赖特和哈拉雷就可以在分析每个群体成员的同时也分析群体的结构,而不是仅从某个核心点的角度出发进行分析。因此,它向严谨的社会学方向迈进了一大步。

　　通过考察无向图,就很容易理解卡特赖特和哈拉雷提出的基本观点。在一个无向图中,A 到 B 的关系等同于 B 到 A 的关系。例如,这可能是因为人们的态度完全是相互的,或者因为他们共同参与同一个

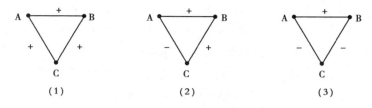

图 2.3　均衡结构和非均衡结构

事件。因此,研究任意两点之间的线就不用考虑其方向。在一个无向图中,"均衡"描述的仅仅是构成该图的逐条线的符号的特定模式。例如,图 2.3 展示了三个行动者之间的三个不同的关系图。在图(1)中,A 和 B 相互有一个积极的关系,该图因而是平衡图,因为在 A 和 C 之间、B 和 C 之间也存在着积极关系。然而在(2)中,在 A 和 C 之间存在的消极关系给 A 和 B 之间的积极关系带来一种紧张,因为在 B 和 C 之间也存在着积极关系:该图因而是不平衡的。简而言之,如果我的朋友喜欢一个我讨厌的人,那么我和朋友之间的关系就会出现紧张。出于对这种状态的反应,我可能劝说朋友,请他(她)不要喜欢第三者,也可能改变我自己对待第三者的态度,或者与朋友绝交。在一个非平衡的网络中,每个参与者都会处于同样的张力之中,因而都会试图化解所体验的张力。[3]因此,群体关系处于动态流动之中,最终将出现均衡态——如果这是可达到的话——而这源自牵涉到的所有参与者之间的行动和妥协。我们可用一个新图来表现那些目标在于恢复群体均衡的反应,该图的线上要带有不同的符号。例如,图(3)就代表了如下情况,即 A 成功地劝说 B 去厌恶 C,从而恢复了均衡态。

　　卡特赖特和哈拉雷认为,复杂的社会结构是由简单的结构构成的。特别是,它们是由多个如图 2.3 展示的那些互相重叠的"三人组"(triad)组成的。他们认为,简单的三人结构是更大的社会结构的基础构件,分析这些基础构件就可以引出复杂的社会关系网络的性质(参见 Hage and Harary,1983,1991)。例如,最简单的情况是,当构成一个网络的所有三人组都达到均衡的时候,整个网络就是均衡的。[4]尽管均衡三人组的思想可能相当清楚并易于理解,但是一个大的复杂网络也是"均衡"的,这个思想就稍难理解一些。确实,这个观点看起来既不令人感兴趣,也没有提供什么有用的信息。然而,这种结论却是错误的。来自卡特赖特和哈拉雷的研究工作的一个重大发现是,任何平衡图,无论它多么大,多么复杂,都可以分为两个拥有令人感兴趣的特征的子图:每个子图内部的关系将是积极的,而子图之间的关系是消极的。这样看来,一个根据诸如团结关系来界定的平衡的社会网络就由相互之间存在着冲突和对抗的两个子图构成。

18 　　在一种简单的情况,即网络中的所有关系都是积极关系的情况下,其子群之一将是空集或者虚无集合:所有点都落入单个群体之中。[5]在比较复杂的均衡网络中情况并非如此,该网络分成的各个子群将凸显出网络的一些重要结构特征。因此,确定一个网络是否平衡,这仅仅是把该网络"分解"为各个构成性的子图的第一步。大多数涉及网络平衡分析的数学工具都集中于试图发现这种分解的技巧。对一个均衡网络进行成功的分解后,会使得研究者仅根据来自个体之间关系的信息就可以导出对网络结构的理解。这一发现对于理解群体结构有重要的意义,并且有学者试图发现,在什么情况下才可能走向针对网络的更现实的分解技术,从而使得研究者区分出一个网络中存在的两个以上的子群,詹姆斯·戴维斯(James Davis)(Davis, 1967, 1968)就是一位领袖式的人物。安特尔等(Antal et al., 2006)讨论了平衡分析的进展。[6]

　　在针对群体合作和领导力的实验研究中,"平衡"概念特别有影响,它催生了关于自然情境下小群体行为的一项经典研究(Festinger, et al.,1959)。然而,有一些学者对一般系统论以及有关控制论和理性行动的数学维度感兴趣,这些学者却吸收了许多来自小群体研究的社群图传统的思想。确实,社群图思想最早在大规模社会系统中的应用恰恰是由这些学者开创的。最初的研究探讨了疾病通过接触链在人与人之间的传递,其目的是导出可预测的关于传染的流行病学模型。这种研究的领袖人物是拉波波特(Rapoport),他探讨了诸多经验研究的形式含义(Rapoport, 1952, 1958),有助于促进人们利用类似的想法去研究观念和创新的传播。尽管此前已经有过这类研究,即人们已经研究过谎言、流言蜚语的传播,但是直到1960年代,将网络概念用于此类研究的重要成果才得以出现(Fararo and Sunshine,1964;Coleman et al.,1966。也可参见 Rogers,1962)。

人际结构和派系

前文已经指出,在社会计量学传统下的理论研究竭力揭示将网络分解为各个构成性的子群体的一些方法。这种对所谓"派系""聚类"(clusters)或者"块"(block)等术语的考察也是 1930 年代、1940 年代哈佛大学研究传统的一个特点。在这种考察中,对大系统中的"非正式关系"的研究导致了一个经验被发现,即这些系统实际上的确包含很多凝聚性的子群体。此时,如果可以得到某一社会系统的关系数据,那么研究者面临的并且只是部分完成了的任务便是去发现一些技术,用它们来揭示该社会系统的子群结构。

拉德克利夫-布朗及其引领下的涂尔干(Durkheim)对这一研究传统的影响很大。拉德克利夫-布朗的观点在澳大利亚的人类学家中颇具影响,因为他曾经在此执教多年。在 W.劳埃德·沃纳(W.Lloyd Warner)的研究工作中,拉德克利夫-布朗的影响特别大,前者于 1929 年进入哈佛大学,与他的奥地利同事、心理学家埃尔顿·梅奥(Elton Mayo)共事。此二人合作开展了一系列针对美国的工厂、社区生活的研究,这些研究息息相关,被他们看成是拉德克利夫-布朗所关注的结构在这些领域的应用。

1926 年,为了领导哈佛大学商学院新建的一个研究项目,梅奥来到哈佛。主要受到生物学家劳伦斯·亨德森(Lawrence Henderson)的重要影响,梅奥才接触到社会学思想,前者在其哈佛的同事中积极推广帕累托(Pareto)的思想。亨德森认为,帕累托的研究是一门真正科学的社会学的唯一恰当的基础,进而也是用来反对革命性的马克思主义的唯一可行的政治堡垒。梅奥逐渐注意到帕累托称之为行动的"非理性"成分,这弥补了他对个人动机的心理关注。对梅奥来说,经济行动并不完全是一种理性形式的行动,它也被诸如群体团结等很多非理性的情感所结构化。帕累托也是一位精英论的伟大倡导者,梅奥发现,如果一个管理精英认识到群体关系对经济动机的影响,他就会最成功地控制工人的行为。恰如一位训练有素的田野研究者,沃纳对哈佛大学研究项目的贡献在于,对在某些特定社会场景中发现的群体行为的实际模式给予极大的关注。沃纳向梅奥所关注的理论和应用方面输入了一种经验维度。尽管有这些差异,也或许正因为如此,二人在哈佛开创的研究工作才对于社会网络分析的发展来说尤其重要。虽然他们在那里共事仅六年时间,但是事实表明他们的研究极具影响力。他们与同事们共同开展的重要项目是对芝加哥的霍桑电气工厂(Hawthorne electrical factory)和新英格兰①(New England community)的一个被称为"扬基城"(Yankee City)的社区进行研究。

　　霍桑实验已经成为社会研究的经典,这里只需稍加论述(参见Rose,1975中的有益的讨论)。简单地讲,这是于1920年代由芝加哥西部电气公司霍桑工厂的管理者开创的有关工人效率的一系列研究。
20　这些管理者试图揭示,工作方面的自然条件(如热度、光线强弱、休息时间的长短等)的改变是如何影响生产效率的。他们惊奇地发现,生产效率的增长与特定物质条件的改变几乎无关。为了理解这一悖论式的结果,管理者们拜访了梅奥及其哈佛小组,请他们重新设计研究计划。梅奥的结论是,带来生产效率增长的关键因素恰恰是工人们参与了研究计划这个事实:工人们很兴奋,因为管理者们对他们感兴趣,并且正是由于他们意识到自己参与并整合到工厂生活中,才促进他们努力工作。

　　在沃纳的建议下,霍桑的研究者们开始了一项人类学研究,即在工厂的自然环境下观察工作组的行为。他们的观察场地设在触排布线室(bank wring room)。研究小组在工厂中的研究与人类学家在一个异社会的乡村中进行的田野研究类似。他们尽可能记载所有可能观察到的群体行为,目标是建构一个完全人类学的解释。在社会网络分析的发展过程中,霍桑研究的特殊重要性在于研究者用社群图来报告

---

① 新英格兰(New England)是美国东北部地区缅因(Maine)、佛蒙特(Vermont)、新罕布什尔(New Hampshire)、马萨诸塞(Massachusetts)、罗德艾兰(Rhode Island)和康涅狄格(Connecticut)这六个州的总称。——译者注

群体结构。就像在一个乡村社区中的亲属关系结构可以用一个谱系图来展示一样，霍桑小组也构建了很多社群图，用来展示工作小组内部的非正式关系。

在霍桑实验的主报告（Roethlisberger and Dickson,1939；500 页及以后）中包含了研究小组构建的各种社群图。[7]他们认为，与管理组织图中描述的正式组织相反，这些图反映的是触排布线室中工人的"非正式组织"。他们构建的社群图表达了群体行为的每个方面，诸如参与游戏、隔着打开的窗户争吵、工作对换、帮助、友谊和敌视等。霍桑实验首次运用社群图法来描述在现实情境中观察到的实际关系。在他们画的图中，圆圈代替人，箭头表示关系。这些图与后来群体动力学研究者构造的社群图明显相似，但是，研究者并没有指明他们是如何想到利用此类图的。例如，他们对正在形成的莫雷诺思想避而不谈。然而，从图 2.4 中可以看到，图不仅可以代表管理者使用的正式组织图，也可以代表该工厂的一种非常熟悉的性质，即电气布线图。我们必须假定，沃纳的影响激励这些研究者，使他们根据组织情境中的这些其他的影响来改编传统人类学的亲属关系图。

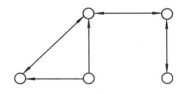

图 2.4　一个霍桑社群图

在绘制触排布线室的社群图的时候，需要遵循一般性的约定，但是这些约定都是艺术性的而非社会学的。每页上的各个圈的具体位置都由研究者自行确定，一个主要的限制性条件仅仅是：观察者确定的任何一个子群中的各个成员应该画得尽可能地接近。除此之外，清晰性、简单性这些纯艺术原则也主导着图画的设计。例如，交叉的线数应该尽可能少，不同线的长度不应该相差太大。研究者确定的子群——他们称之为"派系"（cliques）——指的是如下这些工人群体，即他们自认为是他们所处环境的重要部分。很多人类学家一般利用"当地人"的范畴和概念作为群体生活的结构性质的指示器，与此很相像，工人们自己的术语也被用作"派系"存在的指标。从对群体的行为及其使用的词汇的观察中,可以区分出"前台群体"和"后台群体",并视二者为触排布线群体(bank wring group)内部的两个子群体。他们并没有试图利用社群图本身来区分在社群图意义上界定的"派系",只是把在社会意义上理解的子群画在社群图中。[8]然而,通过这种方式画出群体结构之后,研究者就很少进一步使用社群图了。至于社会网络如何形塑个体的行为,他们一般不给出任何理论解释。

　　与此同时,沃纳开始对美国东北部地区的一个名为纽伯里·波特①(Newbury port)的小城进行研究,取其学名为"扬基城"(Yankee city)。这一田野研究是在1930年到1935年间进行的,该研究也被认为是关于现代城市社区的一项成熟的人类学研究。该研究综合运用了观察、访谈和历史文献法。然而,在本次田野研究的主要阶段结束之际恰逢沃纳和梅奥之间渐增抵牾之时,沃纳因而跳离哈佛,就职于芝加哥大学,在那里他的导师拉德克利夫-布朗已经是一位访问教授了。沃纳和拉德克利夫-布朗在芝加哥共事两年时间,这是一个对来自扬基城的田野资料进行最紧张分析的阶段。此后,沃纳穷其余生于芝加哥,在此指导并发起了许多相关的研究,其中最重要的是对美国东南部地区(Deep South)的"老城"(Old City)的研究。[9]

　　沃纳自己的早期工作已经应用了涂尔干和拉德克利夫-布朗在研究澳洲部落时使用的传统方法和思想。正是通过与梅奥的接触,才使沃纳首次形成了运用人类学方法来研究一个现代城市社区的思想。沃纳最初打算研究芝加哥的街区,即霍桑实验所在的街区,但是芝加哥学派社会学家的研究迫使他得出结论认为这些街区是"无组织的",因而经不起人类学的检验(Park et al.,1925)。沃纳感觉到,只有在新英格兰(New England)和南部的一些州,才能发现自己要研究的发展完善且整合的社区。

　　沃纳的工作具有多方面的理论影响。尽管拉德克利夫-布朗对沃纳的影响最深,但是沃纳还是把这种影响与关于社会的一种有机的、

①　美国马萨诸塞州北部的一座城市。——译者注

系统的模型结合起来。毫无疑问,这种模型又受到了亨德森对帕累托的解释的影响。这促使沃纳强调一个社区在结构化过程中的某些因素,如稳定性、凝聚力和整合性等。但是,他也吸收了齐美尔关于"互惠关系"和"数字对群体生活有影响"的思想。前文指出,正是齐美尔(Simmel,1908)才开创了作为社会生活之基石的二人组(dyads)和三人组(triads)的研究。承续了齐美尔和其他德国社会学家的术语(莫雷诺也接受了这些术语)之后,沃纳谈到了社会构型,认为一个社区的社会组织是由人与人之间得以互动的关系网构成的。

沃纳指出,构成一个现代社区的社会构型是由许多类型的子群体,如家庭、教堂、班级和协会等组成的。除此之外他们还发现另外一类子群,他称之为"派系":它是一个非正式群体,其中的成员都有一定的群体感和亲密性,并在群体内部建立起群体行为的规范(Warner and Lunt,1941:32)。派系是"一个亲密的非亲属群体,其成员数量不一,从2人到30人或者更多"(Warner and Lunt,1941:110)。[10]因此,对沃纳来说,在社区研究中,派系的社会作用与非正式群体在霍桑工厂研究中的作用是一样的。这个概念描述了一种特定的非正式人际关系构型。

扬基城的研究者声称,在该城市中能找到数目极多的此类派系。扬基城的许多被访者用诸如"我们一伙的""我们圈内的"等词汇来指代他们所说的群体,这些群体就是派系。根据被访者的评论发现存在这些派系以后,沃纳及其同事声称,相对于把个人置于社会中的家庭来说,派系的重要性次之。人们是通过家庭和派系成员这种"非正式的"和"个人的"关系,而不是简单地通过经济系统和政治系统中的"正式"关系整合到社区中的。任何人都可以成为多个派系的成员,并且"这种派系成员的重叠会进一步扩展为一个相互关联的网络,该网络把一个社区内部的几乎全部人口整合到一个巨大的派系关系系统之中"(Warner and Lunt,1941:111)。毫无疑问,利用网络术语来描述整个社会建构为各个子群体的过程,这种描述如果不是最早的**一个应用**,至少也是其中之一。

扬基城的报告运用各种图表对诸如阶级结构和家庭组织等事项

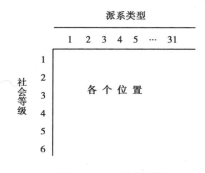

图 2.5　一个派系矩阵

进行建模,不出意外,他们同时也构造了派系图。为了表征所描述的社会结构,他们把派系绘制成在一个维恩图(Venn diagram)中相互交织的一系列圆圈(Warner and Lunt,1941:113),但是他们没有进一步对这些图进行任何正式的结构分析。然而,在扬基城报告的第二卷中,他们就尝试进行了现在所谓的"位置分析"(positional analysis)(Warner and Lunt,1942:52,图 X)。他们用一系列矩阵来展示占据每个结构位置的人数。图 2.5 就表示其中的一种形式。在区分出扬基城中的 6 类等级和 31 类派系之后,沃纳和伦特(Lunt)用一个数据矩阵对等级和派系成员进行了交叉分类。每一类派系要根据其全体成员所属的主要阶层成分来定义,矩阵的各个元素表明每一阶层中属于各个派系的人数。[11]他们认为,在这些大量可能的组合(即 6×31 = 186 个组合)中,实际发生的"位置"只有 73 个,矩阵中的其余 113 个位置都是空的。与之类似,通过构建等级和每一类其他社会群体(如各种正式关系,各种家庭等)之间关系的矩阵,他们就能够把各种矩阵结合、叠加在一起,从而在总体的组合网络中区分出 89 个位置。[12]他们使用的特定程序比较烦琐,我们无须深入其过时的操作细节中,不过扬基城的研究工作仍然具有吸引力,因为它开创了这种正式的结构分析方法。

　　沃纳的同事于 1936 年在美国南部的"老城"——即密西西比州的纳齐兹镇(Natchez)——开始另一项研究,从而深化了"派系"(Davis et al.,1941)思想。在考察"老城"中"多彩的社会"时,他们按照沃纳的方法,将派系看成是相互交叉的各个圆圈,并在一个由等级和年龄

界定的空间中画出那些最积极的派系中重复的成员（Davis et al.，
1941:213，图12）。他们称之为"社会空间"及其"两个维度"，但是他
们没有明确提到卢因关于拓扑式的田野模型的任何研究。该项研究
的主要创意在于它试图探究派系的内在结构。研究者认为，派系由如
下三个"层次"组成："核心"（core），由最经常、最紧密地聚在一起的人
组成；"初级圈"（primary circle），由那些时常共同参与核心成员，但本
身从来也不能构成一个群体的人组成；次级圈（secondary circle），由那
些仅仅偶尔参与其中，因而"几乎不是其成员"的人组成。在分析60
个派系的基础上，他们利用类似于扬基城研究中所使用的技术，提出
了关于派系之间联系的大量结构性假设。例如，他们认为一个派系的
外围的、低层次的成员只有通过本派系的高级核心成员才能够接触到
其他派系的高级成员。

　　在小群体研究中有社会计量学传统的思想，而在霍桑、扬基城和
老城研究中出现的思想是与之并行发展的，但是在1930年代和1940
年代，没有证据表明这两种研究传统的代表人物相互注意到对方的研
究工作。然而，在乔治·霍曼斯（George Homans）的著述中出现了这
两种研究传统的首次重要的交织。作为哈佛大学社会学系的一位教
员，霍曼斯不满意于其同事如帕森斯（Parson）的宏大理论（grand
theory），认为这种理论是在极为抽象的分析层次上运作的。霍曼斯感
觉到，社会理论必须建立在对小规模社会互动的确切理解的基础上。
为了达到此目的，他从1940年代末开始尝试对当时在美国已经开展
的大量小群体研究进行综合。他的目的无非是通过吸收社会心理学
家的经验研究和社会学家、人类学家的观察研究，从而达到理论上的
综合。他的理论综合围绕着如下观点进行：人类活动使人与人之间互
动，互动在"频次""持续时间"和"方向"上各不相同，互动是人与人之
间产生"感情"的基础。[13]在霍曼斯看来，莫雷诺的社会计量学为利用
该理论于一些特定的社会场景提供了方法论框架。为了展示这些观
点，霍曼斯重新考察了大量早期的研究工作。

　　在《老城报告》中有一部分至少在网络分析者中间获得了相当大
的名声，因为该部分由霍曼斯作了重新的分析。在该部分中，戴维斯

和他的同事应用矩阵法分析了 18 位女性参与 14 个社会事件的情况（Davis et al.，1941：第七章）。[14]霍曼斯得到了这些数据，用矩阵来表征，并在社会网络分析领域第一次正式发表"重排矩阵"法（也可参见Festinger，1949）。《老城》矩阵有 18 行（女性）14 列（事件），矩阵元素中的"x"项代表某位女性参与了一个特定的事件。霍曼斯认为，初始阵无须根据某个重要的顺序加以排列——例如，各个列只简单地根据事件发生的日期次序加以排列。因此，矩阵的元素是随机排列的。他相信，对矩阵的各行和各列进行重排后，会把特定的某些女性重点参与的事件集中在一起，这就可以揭示派系的重要结构特征。他对此方法描述如下：

"我们把代表多数女性参与的事件的各列置于核心……把代表少数女性参与的事件的各列放在边缘。就所涉及的这些线（行）来说，我们会把那些代表最经常一起参与社会事件的妇女的线放在顶部或底部。经过大量重排之后，某种模式就可能出现。"（Homans，1951：83）

霍曼斯认为，这种"重排"必须持续下去，直到各项值的分布展示出一种清晰的模式为止，他也制作了一个重排阵，其中清楚地标示着女性分成的两个"派系"：在重排阵的元素中出现了两个不同的群体。霍曼斯的方法与后来所谓的"块建模"（block modelling）方法类似，但是他没有利用任何正式的数学方法。实际上，他的重排似乎只是一种试错程序（trial-and-error process），该程序要持续下去，直到出现一种明显的模式。

图 2.6 展示了霍曼斯所执行的再分析的简化版。这两个矩阵表达了一个虚构的 8 人参与 8 个事件的数据。在矩阵（1）中，"x"项平均地散布在整个矩阵之中，但是对该矩阵的行和列按照矩阵（2）展示的顺序进行重新排列之后，就带来两个不同的子群之间的结构对立：Ann、Chris、Ed 和 Gill 一起参与了事件 1、3、5、7，而 Don、Flo、Beth 和 Hal 则共同参与了事件 2、4、6、8。这里存在两个集合的人和两类事件。可以想象的是，根据试错法进行的重排不会是如此容易之事，即使对于本例中这个规模小、数据不很紧密地组织在一起的虚构的矩阵来说也不容易。对 18 位女性参与 14 个事件的实际数据的分析将颇费时间。

进一步说,我们无法保证霍曼斯给出的最终重排结果与任何其他人的重排结果是一样的,因为可用于识别"正确"结果的标准是不存在的。正是由于这些原因,后来者进行此类分析时都尝试找出一些程序算法,进而可利用计算机执行重排工作。

		事件							
		1	2	3	4	5	6	7	8
人员	Ann	×		×		×		×	
	Beth		×		×		×		×
	Chris			×		×		×	
	Don		×		×		×		×
	Ed	×		×		×		×	
	Flo		×		×		×		×
	Gill	×		×		×		×	
	Hal		×		×		×		×

(1)初始矩阵

		事件							
		1	3	5	7	2	4	6	8
人员	Ann	×	×	×	×				
	Chris	×	×	×	×				
	Ed	×	×	×	×				
	Gill	×	×	×	×				
	Beth					×	×	×	×
	Don					×	×	×	×
	Flo					×	×	×	×
	Hal					×	×	×	×

(2)重排矩阵

图2.6　矩阵的重排

为了进一步展示他的观点,霍曼斯重新分析了霍桑实验的触排布线室数据。他利用观察者构建的社群图,考察了洛特里斯伯格(Roethlisberger)和迪克森(Dickson)区分出来的派系(Homans,1951:66-70)。但是霍曼斯保留了这些初始的派系之分,并没有秉承他自己分析老城(Old City)数据的思路,即没有试图对派系结构进行社会计量学分析。然而,他确实暗指(尽管没有任何引文)矩阵重排法已经被最初的霍桑研究者使用(Homans,1951:84)。[15]

霍曼斯构建的用来解释群体行为的理论框架是对早期小群体研究者的模型的进一步阐释,该模型把群体理解为处于环境中的系统。他把任何群体的结构都分为"内在系统"和"外在系统"两种。前者表达了群体成员通过互动产生的情感,而群体行动要通过后者才与环境适应问题建立联系。[16]环境是由群体行为的物理情景、技术情景和社会情景组成的。霍曼斯关注的主要是内在系统,并认为这个概念比其所指的"非正式组织"概念更科学。因此,他的兴趣点在于科学地阐述来自非正式组织研究的洞见,即将这些洞见转译为有关内在系统的结构的诸多命题。

为了达到这个目的,他提出了一系列有关内在系统的假设。首先假定,相互经常接触的人之间也倾向于相互喜欢,互动次数越多,相互喜欢的程度越大。在外部系统中,由于存在着诸如主管和经理强加的要求这样的环境限制性因素,因此,如果外在系统中存在多次互动,将使得工作组的成员趋于发展出喜欢性的情感,并将参与更深层次的互动,而这与外在系统的需要是无关的。他论证道,内在系统正是通过这种方法才变成复杂的社会构型,这些构型可分解为多个派系。[17]

霍曼斯对社会计量学和人类学研究的理论综合是有解释力的,尽管如此,他的工作并没有直接激发出什么重要进展。霍曼斯本人也越来越关注用行为主义和理性选择模型来解释社会行为,从而与"交换论"渐趋一致了(Homans,1961)。霍曼斯的一位同事罗伯特·贝尔斯(Robert Bales)开展了某种有趣味的小群体研究(Bales,1950),但是他在研究中并没有利用社会计量学方法,却越来越与帕森斯的结构功能主义(Parson et al.,1953)关联在一起。许多对均衡观的发展有贡献的学者则完全返回到心理学的研究上来,在引导这些研究者回到关于认知的社会心理学方面,费斯廷格的力作(Festinger,1957)成为一篇重要的纲领性声明。群体动力学领域几乎停滞下来,大多数进展都是关于均衡、派系和聚类纯数学问题。尽管可以证明这些数学探索为后来哈里森·怀特的推进提供了重要且丰富的来源,但它们仍然很少影响1950—1960年代的社会研究形态。

走向正式的结构模型

促使社会网络分析的框架走向新转折的是曼彻斯特大学社会人类学系的一小群积极的田野研究者,尤其是约翰·巴恩斯(John Barnes)、克莱德·米切尔(Clyde Mitchell)和伊丽莎白·博特(Elizabeth Bott)等人的研究工作。[18]曼彻斯特的人类学家们甚至比其哈佛的同行更受到拉德克利夫-布朗的重要影响,他们力图在一个新方向上发展布朗的观点。他们强调冲突和变迁,而非整合和凝聚。曼彻斯特的一位核心人物是马克斯·格卢克曼(Max Gluckman),他将对复杂的非洲社会的兴趣与发展一种结构视角结合起来,这种结构视角认识到冲突和权力在社会结构的维持和转型中都扮演着重要角色。对于格卢克曼来说,冲突和权力是任何社会结构的内在成分,他的分析强调了在社会整合过程中始终存在的协商、讨价还价和强制等活动。格卢克曼的同事和学生当时正在探索小规模的人际社区,格卢克曼积极地鼓励他们追随这些主题的研究。

在 1950 年代占主导的是社会学中的帕森斯进路(approach)以及人类学中的文化进路。对于作为一种明显有批判性传统的曼彻斯特学派来说,这些进路在引领其研究工作方面是一个重要因素。经典社会学家强调根据行动在社会关系结构中的位置来理解行动,而帕森斯认为,必须把行动解释为对内化的价值取向的表达。曼彻斯特人类学家强调把结构看成是关系网络,把社会网络分析的形式技术与一些实质性的社会学概念结合起来。结果表明,这种结合令人印象深刻,颇具影响,它与社会学中正在出现的冲突论框架很接近(参见 Rex,1962)。但是由于他们强调人际关系,意味着这种结合不能完全代替帕森斯式的理论。正因为如此,只能将社会网络分析看成是一种特殊的研究方法,而不是对传统社会学的批判式替代。

如此看来,曼彻斯特的学者较少关注一个社会的正式的制度化规范和体制,却较多关注由冲突和权力的运作引起的实际存在的关系构型。那些传承自过去并且目的在于理解简单的、基于亲属的社会的理论观点不能解释这些现象。认识到这种不足之后,他们开始尝试对拉德克利夫-布朗等学者提出的诸如社会关系"网"(web)和"网络"(network)等隐喻性的概念进行系统化分析。

最初,这些研究者只是在隐喻的意义上使用社会网络观念。但是,在 1950 年代早期,巴恩斯率先在一种比较严格的、分析的意义上使用网络观念。他的研究对博特产生了重要影响,二人紧紧围绕在社会计量学传统中进行过的工作开展研究。他们发表的各类论文(Barnes,1954;Bott,1955,1956)在社会人类学家中颇受欢迎,在理解复杂的社会时需要用恰当的概念,社会网络这个概念似乎满足了这个需要。西格弗里德·纳德尔(Siegfried Nadel)在一系列演讲和相关的一本书中采纳了这种研究(Nadel,1957)。这本书成为该领域的一位重要人物的纲领性宪章。然而,完成了纳德尔提出的任务并为社会网络分析的系统框架建立基础的学者是克莱德·米切尔。米切尔转向由早期社会计量学研究引出的图论数学,并将它表述为一种独特的社会学框架的基础。在总结他自己及其同事于 1950 年代开始成型的思想时(Mitchell,1969),他设定了一整套社会学概念,并相信这些概念能够充分地领会社会组织的结构特征。米切尔把图论和社会计量学翻译成一种社会学框架,这一做法激发他关注那些曾被梅奥、沃纳和霍曼斯强调的"非正式的"人际组织的特征。

巴恩斯在中非的罗得斯-利文斯通①研究所(Rhodes-Livingstone Institute)开始自己的学术生涯。这个研究所是许多曼彻斯特人类学家的一个主要研究中心。巴恩斯于 1949 年入职曼彻斯特大学,随后决定对挪威西南部的一个渔村布雷姆斯(Bremnes)进行田野考察。这是一个孤立的小乡村社区,其成员几乎完全通过亲属关系联结在一起。作为一个复杂的、有社会分化的整体社会的组成部分,该村有自身的经济、政治和其他制度。这些制度没有被很好地协调到一个整合系统之中。巴恩斯尤其关注亲属、朋友和邻里在社区整合过程中的作用。这些原初的关系并不直接与地域场所或者正式的经济、政治结构关联在一起。恰恰相反,它们形成了一个独特的、相对整合的非正式的人际关系域。巴恩斯声称,可以将"全部社会生活"看成是由"一个集合的点,其中一些点由线连在一起"形成的一个关系"全网"(total network)。作为一个"局部网"(partial network),非正式的人际关系域可以看成是全网的一部分(Barnes,1954:43)。

30　　伊丽莎白·博特(Elizabeth Bott)是一位加拿大心理学家,她在芝加哥大学劳埃德·沃纳(Lloyd Warner)指导下研习人类学,并且可以假定,她与巴恩斯一样对扬基城研究比较熟悉。1950 年,她加入塔维斯托克研究所(Tavistock Institute)②,不久就开始对英国的家庭进行田

---

① 该研究所可能是以如下两个人命名的。塞西尔·罗兹(Cecil Rhodes, 1853—1902),生于英国的南非殖民地政治家;大卫·利文斯通(David Livingstone,1746—1813)是一位英国苏格兰的传教士、非洲探险家,是第一位看到赞比亚河及维多利亚瀑布的欧洲人。——译者注

② 其网站参见 http://www.tavinstitute.org——译者注

野研究。博特主要关注这些家庭的亲属关系,她用"网络"这个概念作为分析工具,用它来探究这些亲属关系遵循的各种模式。她在两篇颇具影响的论文和一本书(Bott,1955,1956,1957)中出版了该研究成果,这也是博特于 1956 年获得伦敦经济学院(London School of Economics,LSE)博士学位的蓝本。尽管博特是社会计量学先驱海伦·博特(Helen Bott)的女儿,但是她认为自己的观点是独创的。

毫无疑问,在她的研究中逐渐形成的理论框架受到她在塔维斯托克研究所的同事的影响。该研究所在 1947 年与位于安·阿伯①(Ann Arbor)的群体动力学研究中心合作出版了《人类关系》(Human Relations)这本杂志。作为一位对心理疗法(Psychotherapy)感兴趣的心理学家,博特注意到了莫雷诺的研究工作。确实,博特和巴恩斯都在自己的论文中引用过莫雷诺的成果。然而,对博特的研究产生过直接影响的是卢因的场论,甚至巴恩斯也探讨过在布雷姆斯社会中多种独特的活动"场"的存在。卢因、费斯廷格、纽科姆、卡特赖特和其他美国小群体研究的领军人物在《人类关系》杂志上发表很多论文,也正是在这本杂志上,博特和巴恩斯都发表了关于社会网络的研究成果。

巴恩斯于 1953 年在曼彻斯特和牛津的研讨班上提出了自己的最初思想。1954 年,博特了解到巴恩斯的工作并接受了"网络"这个术语,还把它作为自己的理论解释的基础。巴恩斯的文章发表时,他正在伦敦经济学院的雷蒙德·弗思②(Raymond Firth)手下工作。这一年博特也已经注册攻读博士学位,她在伦敦经济学院和曼彻斯特两处都汇报过自己的论文初稿。完全出于对文物的考虑,这里就不给出这些传记性的细节了,也不用它们说明学术网络的重要性。我关注的只是一种展示,即为了建构英国社会人类学的理论创新的基础,少数关键人物是如何在很短时间内担此重任的。巴恩斯和博特一旦取得了突

① Ann Arbor(安·阿伯),美国密歇根州东南部城市,密歇根大学所在地。——译者注
② 雷蒙德·弗思爵士(Sir Raymond Firth,1901—2002),英国社会人类学之父,功能学派的主要代表人物之一,是马林诺夫斯基的学生和学术继承人,也是费孝通教授的老师。他以研究大洋洲的民族学著作而闻名,曾任伦敦经济学院和剑桥大学教授。——译者注

破,就打开了深入发展之门,并在吸收美国学者的教训后巩固了他们的进展。

在将这种导向的理论进展进行合法化的过程中,西格弗里德·纳德尔(Siegfried Nadel)是一位重要人物。作为一位奥地利心理学家,纳德尔受科勒和卢因的影响,于 1930 年代转向人类学研究。1955 年,纳德尔在伦敦经济学院作了有关社会结构的系列讲演。巴恩斯和博特对他的研究工作的进展有重要影响,而在这一系列讲演的正式出版物(Nadel,1957)的前言中,纳德尔也提到把两人视为自己的评议人和朋友。纳德尔首先把"结构"定义为构成一个整体的多个要素的结合或

31 排列。通过区分结构的形式和内容,他认为就可以利用比较法来描述和探究结构的一般特征。为了建构正式的社会结构模型,他倡导一种数学研究。

根据纳德尔(Nadel,1957:12)的见解,社会结构是关于关系的"一套系统、网络或者模式",是分析者从具体的、可观察的个体行动中抽象出来的。他认为,"网络"意指"各种关系的交织,其中一种关系中内含的互动决定着其他关系中的互动"(Nadel,1957:16)。纳德尔尤其声明如下观念,即"角色"或位置应该被看成是社会学理论的核心概念。社会结构就是"角色"的结构,而角色及角色丛是通过多种互依活动之网来界定的。他认为,在角色分析中应该用代数的、矩阵的方法,但除了一两处简单的提示之外,他并没指明如何运用这些方法。由于英年早逝(1956 年去世),他未能进一步推进自己提出的设想。

在 1950—1960 年代,米切尔及其他与曼彻斯特和罗得斯-利文斯通研究所有关系的学者试图系统化这种观念。事实上,米切尔是纳德尔的志向的真正传人。1969 年,米切尔对社会网络分析进行了符号化处理。这就扩展了巴恩斯提出的人际关系域的观念,把它变成"人群秩序"(personal order)。[19]"人群秩序"指的是"个人指向群体的联系以及群体内部的关系"的模式(Mitchell,1969:10)。对米切尔来说,这种互动模式是网络分析的领域。他进一步指出,这种人际网络是在如下两种不同的理想型行动的基础上建立的。一方面是"交往",它涉及信

息在个体之间的传递、社会规范的建立以及某种程度共识的达成等。另一方面是"工具性"或者目的性的行动,它涉及人们之间的物品和服务的交换(Mitchell, 1969:36-39)。[20]这两种理想型的行动以多样的方式结合在一起,从而形成了具体的互动之网。任何一种特定的行动都会将这两种理想型中的要素结合起来。因此,特定的社会网络将在不同程度上既体现出信息的流动,也体现出资源和服务的传递。

米切尔继续将一个社会的"全网"概念化为"在任何社区或者组织的边界之内和超出其外的始终交织、始终分叉的关联丛"(Mitchell, 1969:12)。他认为,在实际的研究中,我们总是有必要选择整体网的某些特定的方面予以关注,他把这些方面概念化为"局部网"(partial networks)。这种抽象的过程建立在如下两点基础之上,尽管米切尔自己几乎只关注其中一点。一种抽象概念围绕着某个特定个体的关系,从而产生各种社会关系的"个体中心"网('ego-centered' networks)。 32另外一种抽象观念关注与某个特定的社会活动(如政治纽带、亲属义务、朋友或工作关系等)相关的网络的总体的、"全面"的特征。对于米切尔和大多数曼彻斯特的研究者来说,他们更关注围绕着个体的局部网。在此类研究中,需要区分出个体,追溯他们与他者之间的直接和间接的关系。这种研究将产生一系列个体中心网,这些网都是关于所研究的个体的网络。有一项与之类似的研究是由博特早年作出来的,她研究了丈夫和妻子的个体中心网,测量了这些网的"关联性"和婚姻伴侣的个体网络的重叠程度。

有一种抽象模式根据关系的"内容"和意义来界定局部网。米切尔认识到这种抽象模式很重要,但是他认为这也离不开特定的行动者。社会学家和社会人类学家研究的"局部网"总是那些关注特定类型社会关系的个体中心网。米切尔指出,多数此类网络都是"多线条"或"多丛"的:它们涉及大量有意义的各类关系的结合。如此看来,巴恩斯最初提出来的以及被博特接受的网络概念就是一种局部网络。在这种网络中,亲属、朋友和邻里等被组合成为一种单一的、多线条的关系。因此,将这种关系分解为各种构成成分是不恰当的。

米切尔论证道,人际关系网络可以通过大量的概念来分析,它们描述了所论及的关系的性质。这些概念包括关系的"互惠性"（reciprocity）、"紧密性"（intensity）、"持续性"（durability）等（Mitchell，1969：24-29）。它们反映了霍曼斯对方向、频次和紧密性的区分。某些（但非全部）关系涉及交易或交换，因而可以看成是从一个人"指向"另一个人。因此，这种关系的一个重要测度是交易或取向在多大程度上是互惠的。例如，一个人可能选择另外一个人作为自己的朋友，但是这种选择可能不会得到回选：该选择者可能被忽视或被一脚蹬开。多线关系可以包含一种由互补的互惠关系和非互惠关系构成的复杂的均衡。例如，通过这些关系，资金支持可能沿着一个方向流动，而政治支持则沿着另一个方向流动。[21]"持续性"测量的是在特定的交易中激发的潜在关系和义务持续多长时间（Mitchell 引自 Katz，1966）。在互动中被不断激发的关系和义务具有高度可持续性，而那些只在一两次活动中保持的关系则是变动不居的。例如，亲属义务具有很高的持续性，它们一般会持续一生，而那些为了一种特定的限定性目的而建立的关系则容易转瞬即逝。"紧密性"指在关系中涉及的义务强度。它或者反映了承诺这些义务的程度，或者反映关系的多元度：多线条的关系有紧密的倾向，因为它们有散射性。[22]

米切尔又引入一系列概念来描述社会网络的结构。这些概念源自把图论翻译为社会学语言。例如，他把"密度"看成是网络的完备性（completeness）：所有可能出现的关系的实际出现程度。它就是巴恩斯和博特用他们自己的"网状物"（mesh）和"关联度"等观念所尝试描述的概念。"可达性"（reachability）指的是所有人通过有限步骤联络起来的容易程度：例如，谣言、观念或者资源通过网络传递的容易程度有多大。除了这些概念之外，巴恩斯（Barnes，1969）又引入了"派系"和"聚类"（clusters）这两个概念，用它们来区分网络中的社会群体。不过，这些概念并没有出现在米切尔主编的经验研究文集（Mitchell，1969）之中。

人际关系网络是在由制度化的角色和位置构成的框架中得到构建的，而角色和位置只存在于人际关系网之中，并通过人际关系网得以再生产。但是制度化的角色结构本身就是网络分析的一部分，它还是有别于网络分析的。米切尔和曼彻斯特传统对此却含糊其词。尽管某些曼彻斯特学者把制度化的角色结构看成是伴随人际关系网而存在的一种关系网,米切尔却常常把人际关系网与制度关系的结构区分开来。因此,米切尔在讨论中对社会网络趋于给出"剩余性的"定义:网络分析仅涉及人际关系域,该域是在抽出正式的经济、政治和其他角色之后剩下的领域(Whitten and Wolfe, 1973)。这一点对社会网络分析后来在英国的发展具有重要意义。米切尔把社会网络分析看成是分析人际关系的一种特殊的方法。就此而言,米切尔是不同于纳德尔的,因为后者热衷于在形式网络分析的基础上建立结构社会学的一般框架。这一点对于英国的社会网络分析的发展是致命的,因为这种研究不能吸引社区研究领域之外学者的注意力。

哈佛的突破

米切尔、巴恩斯和博特的论点在英国有极为深远的影响(参见Frankenberg, 1966),但是他们的成功恰恰意味着社会网络分析与曼彻斯特人类学家的某些观念是一致的。也就是说,人们一般认为网络分析尤其关注"社群"类型的非正式人际关系。该方法也被认为尤其关注个体网研究。其结果是,针对所有社会生活领域中社会网络的整体性质的突破性研究便不是在英国出现的。

实际上,社会网络分析的重大突破出现在哈佛大学。在霍曼斯开始其开创性研究十年之后,哈里森·怀特(Harrison White)及其同事开始发表一些论文,大大地推进了网络分析。不久之后又涌现出由这些学者的弟子和同事撰写的大量论文,从而牢固地确立了社会网络分析的地位,使之真正成为一种结构分析的方法。

这次突破的关键因素在于数学上的两项同时出现的创新(参见Berkowitz, 1982 的有关讨论)。首先是有关群体的代数模型的发展,该模型利用集合论对列维-斯特劳斯(Levi-Strauss)意义下的亲属关系和其他关系进行模型化分析。这导致了重新审视早期的图论和其他数学分支学科中的研究,并开始尝试利用代数模型对社会结构中的"角色"概念进行概念化分析(White,1963;Boyd,1969;Lorrain and White,1971)。可以认为,怀特对"块建模"(block modelling)(参见本书第7章)的持续探讨推进了纳德尔早已强调的角色结构研究。第二个创新是关于多维量表的发展,这种量表技术可以把关系翻译为社会"距离",并在一个社会空间中绘制出这些关系。这些创新深深地扎根于卢因的场论研究传统。事实表明,它们是非常有效的分析方法(至于这些方法在社会学中的早期应用,参见 Laumann,1966 和 Levine,1972)。

　　上述两项创新结合在一起推动了以怀特为核心的新哈佛小组作出了一些有影响的重要成果(参见 Mullins,1973)。怀特是从芝加哥移居到哈佛的,他的研究工作与戴维斯等学者的研究有重要的关联,后者在整个 1960 年代探讨了社会计量学的基本观点。哈佛小组主要进行数学导向的结构分析,对所有类型的社会结构进行模型化处理。在他们的研究中并不存在单一的理论关注点,他们的一致观点就是利用代数观念对深层和表层的结构关系进行模型化分析。正是作为一种方法的网络分析才将他们联系在一起。格兰诺维特(Granovetter,1973)的文章被广为接受,这也使这种观点在美国社会学界大受欢迎,同时也激发了很多其他研究。尽管格拉诺维特的论文不涉及高度的数学技巧——或许正因为如此——该文却在使网络立场广为人知并合法化方面居于纲领性的重要地位(也可参见 Granovetter,1982)。尽管许多研究者在诸如社区结构分析这样的领域继续耕耘,其他学者却对诸如连锁董事会这样的现象感兴趣,从而把网络分析的关注点从纯粹的人际关系领域中转移出来。在进行这种研究的过程中,他们激励了这些技术在很多实质性领域的广泛应用。哈佛小组的大多数努力——不再完全以哈佛为基础——都集中于在多伦多建立的国际社会网络分析网(International Network for Social Network Analysis,缩写为INSNA)。该网络受怀特的弟子韦尔曼和伯科威茨(Berkowitz)的领导,在社会网络分析的发展中占据核心地位。

35　　　格拉诺维特和南希·李(Nancy Lee)的两项研究现已成为经典。这两项研究都产生于哈佛学派早期的讨论,尽管二者显然都不是代数性质的研究,但是对于其他研究者来说,它们已经成为重要的典范。

这至少不是因为它们与早期的社会计量学研究保持一种实质性的、分析的连续性。

在《谋职》(*Getting a Job*)一书中,格拉诺维特(Granovetter,1974)首先批判地考察了劳动经济学家对人们如何找工作的解释。他尤其希望探讨人们通过哪些方式利用其非正式的社会联系获得关于工作机会方面的信息。他的兴趣点在于,在信息传递中涉及哪些类型的关系,这些关系是"强"还是"弱",它们是如何随着时间的推移而维持的。为了达到此目的,他在波士顿郊区选择了一个男性样本,该样本中的人在过去 5 年内都有过跳槽的经历,其中包括专业人士、技术人员和管理人员。格拉诺维特发现,非正式的个人联络是个人发现职业机会的主要渠道:56%的被调查者依赖于这种方式,对于高收入职业的信息获得来说更是如此。这些结论并不是非常令人振奋,广义地说与早期的研究是一致的,格拉诺维特为自己设定的任务是:区分出那些提供信息之人以及在什么情况下信息得以传递。

格兰诺维特认为,在决定通过什么方法获取职业信息方面,"理性的"选择并不重要。个人实际上并不真正比较附加在不同信息来源上的收益和成本,人们并不急于"找"工作。相反,只要联络人主动提供信息,那么信息的获得都是偶然的。最重要的信息提供者往往是在工作中或者与工作有关的接触者。他们很少是家庭成员或者朋友,他们往往拥有不同于被访问者的职业。一个人跳槽的概率取决于他接触的与他的职业不同的人占总接触人数的比例。

格拉诺维特借助一种信息扩散模型来解释这些发现。假定掌握职业信息的人会将信息部分告知与自己直接接触之人,这些人也将信息传递给他们的直接接触者,以此类推。假定信息在沿着后续的关系链传递过程中随着时间的推移而减弱,[23]我们就可能通过社会网络追溯其传递,发现多少人会获得该信息以及这些人在网络中的各种不同的位置。因此,信息的获得将首先依赖于那些拥有并传递信息之人的动机如何;其次依赖于一个人的接触者在全部信息流中所处的"战略"位置(Granovetter,1974:52)。

格拉诺维特正是在这种论证中提出了一个著名论断"弱关系的强

度"。强关系的重要性早已被理解。与一个人密切接触之人(家庭成员、亲密朋友、同事等)拥有很多重叠的接触者。他们相互认识并在很多场合下互动,因此,他们了解的关于工作机会的信息也趋于**一致**。其中任何一个人获得的信息也容易传遍全体。反之,他们也不会像网络远端之人那样能够提供新信息。他们获得的信息容易变得"陈旧",是其他人已经获得的信息。人们与处于不同工作环境中的人却不会经常接触,正是这种不经常接触的弱联络人才可能提供新的另类信息。这意味着"熟人比挚友更易于传递职业信息"(Granovetter,1974:54)。在格拉诺维特研究的几乎所有个案中,信息总是直接来自雇员或者雇员的一位直接接触者———一般来讲最多只存在一个中间人。多于两个中间人的关联是很少的。在获取有用的职业信息方面,短的弱关系链居于最重要地位。

相比之下,李(Lee,1969)关于《搜寻打胎者》(*The Search for an Abortionist*)的研究要稍早一些。李要发现的是,在一个禁止堕胎的地区,女人是如何获得堕胎机会信息的。从事非法堕胎生意的医生不能打广告,他们必须在旅馆房间而不是诊所里进行手术。因此,那些希望堕胎者必须试着从他们的可能有过堕胎经历的朋友、熟人那里获得有关信息,因为这些人更可能了解这种信息,或者可以帮忙联系到能够提供帮助者。

为了研究这个过程,李接触了一些打胎者和近期有过堕胎经历的妇女。有意思的是,在构建样本的时候,她不得不采用与那些妇女们使用的方法类似的信息收集技术。与格拉诺维特类似,她混合利用访问法和问卷法来收集数据。在探讨了她们的生活和社会背景的各个方面及其对待堕胎的态度之后,李转而考察她们如何找到打胎者。这个过程涉及要进行有根据的猜测,猜测谁会提供帮助,例如谁可以提供打胎者的姓名,或者告知另外一个可能提供帮助之人。李发现,在成功地接触到一个打胎者之前,一个女人平均要接触5.8个人,实际的接触者在1到31人之间。当然,许多接触是"行不通的",成功的接触链长短不一,从一步到七步不等,其平均长度为2.8步。超过3/4的成功接触链中包含两个或更少的中介人(Lee,1969:第五章)。接触者一般不是亲属或者有权者(如雇主、教师等),最重要的接触渠道是同龄的女性朋友。

37

格拉诺维特和李都用简单的频次列联表来考察网络过程,目的仅是对他们所发现的网络关系的结构进行质性的评论。确如李所说,在大尺度系统中极难追溯各种重叠的个人网络的结构。不管怎样,他们的研究是社会网络分析的系统发展和分析开发方面的重要成果,在这两个方面作出了重要贡献。这些研究表明,即便是最基本的社会网络方法都是很有用的,也表明他们的哈佛同事提出的精致网络分析技术更有用。

社会物理学家的介入

社会学家常常从物理学那里借用概念用于自己的各类专业领域之中:例如,吸引、能量、力、场等观念最初都是从物理学家的研究中借用过来的(Scott,2011a)。然而,物理学家只是在最近才开始进行社会网络分析。巴拉巴斯(Barabasi,2002)、布坎南(Buchanan,2002)和沃茨(Watts,1999,2003)是这种新社会物理学的主要倡导者。他们的研究回到了厄尔多斯和任义(Erdos and Renyi,1959)提出的随机图模型,认为该模型展示的网络存在良好的连通性,拥有相当独特的性质。他们认为,这些性质被其他社会世界的研究者忽视了。

沃茨和斯特罗盖茨(Watts and Strogatz,1998)发表的重要论文确立了这项研究,他们认为,真实世界的网络并不是完全随机的,而是聚类成为各个连通良好的区域。巴拉巴斯(Barabasi,2002:62)指出,社会学家目前都假定社会结构是由"社会关系的随机累计"构成的,因此,沃茨和斯特罗盖茨的研究完全出人意料。任何遵循我对社会网络分析的解读的人都会意识到这个观点距离真理有多远。社会物理学家并没有注意到社会学家和社会学类学家以前的研究成果,却声称发现了社会生活秩序的存在及控制秩序的数学原则。然而,在不懂和炒作背后,有一些有趣的发现的确凸显了社会网络分析的某些新方向。

作出推进的是邓肯·沃茨(Duncan Watts)。他指出,社会网络一般都聚类为各个密度相对高的区域,分化为紧密或强关系和疏远或弱关系。为什么个体网容易给出关于社会网络整体性质的误导人的看法，他认为这就是原因所在。典型的社会网络的核心特点在于它有"小世界"特征。迈尔格兰姆（Milgram, 1967；Travers and Milgram, 1969）指出，即便随机选择的个体分散在各地，也通常是由有恰好 5 个中间人的社会关系链连在一起的。这就是现已著名的"六度分割"观念。如此看来，大多数人的确生活在有重叠熟人的"小世界"之中。沃茨指出，社会网络中个体的这种相对紧密性表明他们的社会网络有相对较高的冗余性特征：任何两个个体之间都有多重联系途径。因此，小世界网络中有大量的"捷径"（shortcut）：这些捷径是形成很多"虫洞"①（wormholes）的原因，即两个距离远的个体近在咫尺。非常紧密的网络则很少有捷径，其中所有的个体一般都与其他人有联系。密度适中的网络才有这些小世界的特征。

正是在这种小世界网络中才能发现格拉诺维特描述的性质。也正是在这些类型的网络中，才可能出现高度的合作。沃茨的创新关键在于将这种数学论证转变为对随时间推移带来的结构变异的解释。也就是说，为了提供变迁的理论，他建构了网络动力学模型。

沃茨认为，网络的发展是渐进增加的，结果是出现网络结构的突然的非线性"相变"（phase transition）。彻底的宏观层次结构变迁源自微小的微观层次变迁的未预期的积累。行动者会根据所处的局部社会情景适时调整自己的社会关系，关系的建立和破裂便会产生很多捷径，从而使网络具有了小世界的性质。如果他们的行动降低了捷径的数量，使之小于这些性质出现的水平，那么网络的效率（例如在传递信息方面）将急剧下降。在一个分片的网络中，信息或资源比较难以流动，因此，人们会更依赖于其直接的局部环境。

上述论证让我们看到在社会学界由斯奈德斯（Snijders, 2005；Snijders et al., 2010。也可参见 Monge and Contractor, 2003）提出的网络模型的重要性。他利用基于能动者的计算模型（agent-based computational model），展示了能动者趋于"短视"（myopic），只遵循在

---

① 60 多年前，爱因斯坦提出了"虫洞"理论。简单地说，"虫洞"是宇宙中的隧道，它能扭曲空间，可以让原本相隔亿万公里的地方近在咫尺。——译者注

其局部情境中行得通的行动规则,却无视或不关注其行动所处的大结构。可以对遵守此类规则的行动进行建模(如斯奈德斯在其 SIENA 程序中所作),同时展示网络结构的宏观层次的根本变迁是何时发生的,又是怎样发生的。

39

注释

1 社会网络分析的历史在弗里曼(Freeman,2004)中得到了充分的讨论。

2 莫雷诺在 1933 年的一次会议上首次使用了社群图。1933 年 4 月 3 日的《纽约时报》(*New York Times*)作了报道。

3 平衡论以如下假定为基础,即个体将发现不平衡状态是令人不快的,因此将采取行动来建立或重建某种心态平衡。当然,这个心理学假定是有争议的。图论本身纯粹是一个数学架构,它的运用也不依赖于这一心理学假定。

4 卡特赖特和哈拉雷(Cartwright and Harary,1956)的书中概述的"位置"比这个更复杂,因为它们不仅根据三人组来界定平衡,还根据任一由线构成的"环"来定义平衡。关于环的观点将在第 6 章进一步探究。事实上,戴维斯(Davis,1967)的后续工作表明,仅考察三人组即可评估平衡性,他认为三人组有一种被齐美尔认识到的那类结构显著性。

5 可以用这个事实支持如下观点,即所有的凝聚力群体都通过将自身与陌生人外群体或局外人进行对比来确定自己的身份,不管外群体是真实的,还是想象的。参见埃里克森(Erikson,1966)。

6 戴维斯误导性地将这些子群体说成是"派系"和"聚类",但是人们已经习惯性地定义这些术语,在此意义上说,它们既非派系也非聚类。出于这个原因,我用"子群体"这个一般性术语来概述他的立场。派系和聚类这两个术语将在第 6 章和第 7 章中进行界定。

7 在梅奥(Mayo,1933,1945)中可以找到他自己对这项研究作出的影响深远的解释。

8 从我将在第 6 章的讨论中可明显看出,霍桑实验的研究者们使用的实质性概念"派系"与纯粹根据社会计量学术语界定的派系概念是不同的,前者要比后者松散得多。

9 阿伦斯伯格和金博尔(Arensberg and Kimball,1940)关于爱尔兰乡村的研究也受哈佛大学沃纳的指导,也与扬基城(Yankee City)研究高度相关。

10 如注释 5 的评论一样,这一观念并不符合社会计量学意义上的派系概念。沃纳的社会学观点也许可以适当地称为一个社会"集合"或一个"人群"。

11 这不是一个纯粹的循环过程，因为六类中的每一类都可能有这样的个体，他们是一个派系的成员，而该派系主要由第一类成员构成。

12 他们从对这个堆叠矩阵的位置分析中着手建构像图（image graphs）——这仍然是技术上的一次开创性的、初级的尝试，这一尝试也许再有 30 年也不会被普遍接受。有关这一方法的发展将在第 7 章中讨论。

13 霍曼斯用"秩序"一词来代替"方向"这个更有意义的术语。

14 事实上，他们对 18 位女性的分析仅仅是他们从老城（Old City）中超过 60 个派系数据的展示性选择。

15 当霍曼斯出现在哈佛的时候，许多最初的研究者也在哈佛工作，这意味着这一声明是有一定证据的。然而，从罗特利斯伯格和迪克森（Roethlisberger and Dickson, 1939）提交的实际报告来看，这一点还有争议。

16 虽然他反对帕森斯的理论立场，但"内部"和"外部"之分非常类似于帕森斯使用的区分，这成为外部的"A"和"G"功能与内部的"I"和"L"功能之分的基础。下文将提到，帕森斯是从罗伯特·贝尔斯（Robert Bales）（Bales, 1950）有关小群体研究的反思中提取他的概念的。

17 霍曼斯通过引入有关规范、地位和领导权的假设来进一步构建这个模型。其中一些模型是通过个案研究来说明的，但没有一个是专门的社会计量学研究。

18 博特不是该系的一个成员，但与其重要成员的关系紧密。

19 "人际秩序"（interpersoal order）也许是一个更好的术语，因为"个人网络"（personal network）这个词语非常容易与"个体中心网"相混淆。后者在下文和第 4 章中有讨论。

20 这个区分与帕森斯以及在 1950、1960 年代的大多数社会学著述中作出的区分一样。参见洛克伍德（Lockwood, 1956）在讨论帕森斯时的有关论述。它也与霍曼斯关于"内部"和"外部"系统的区分有关。这一区分也被哈贝马斯（Habermas, 1968）再次发现。

21 这种关于多元性和关系数据的"堆叠"或联合的观点曾经是米切尔的数学关注的核心。

22 米切尔也简单地提到了关系的"频率"，但是最好把它看作关于活性（而非关系本身）的一种测度。

23 这个衰减模型的基础是一个著名的观测，即在一排人中低声传递的信息最终将被扭曲。在格拉诺维特的模型中，流动的信息量将在链条的每一步中减少，因此，那些远离资源发送者的人就不太可能接收到有关工作机会的准确信息。

3

关系数据的分析

社会网络分析是作为分析社会结构的一系列方法而出现的,这些方法尤其适用于考察社会结构的关系方面。因此,这些方法的应用取决于我们能否获得关系数据而不是属性数据。本章将探讨如何收集、储存这些关系数据并准备进行社会网络分析。对于此类研究来说,在处理关系数据时需要考虑的一般性问题并没有特殊之处。所有的社会科学数据都涉及如下问题:进入现场、设计问卷、抽取样本、处理无回答数据以及在计算机上存储数据等。这些问题在许多有关研究方法的概论性和专业性的文献中都有充分的论述,这里无需重复。然而,当研究涉及关系数据时确实又出现大量特殊的问题。总体而言,由于这些问题在坊间关于研究方法的文献中鲜有论述,因此,在进一步考察社会网络分析本身的技术之前,很有必要首先对这些问题进行述评。

关系数据的收集

前文已指出,关系数据是由个案及其联系或关联组成的。例如,它可能包括个人及其涉及的他人、公司及其主管、人员及其参与的事件等。这些数据可以通过各种方式获得,主要来自文献法、民族志研究和抽样调查等。

纸质版和电子版的各类指南、年鉴、报纸和其他文献都是已发表的社会关系数据的丰富来源(Scott,1990,2006)。各类企业、部门或政治群体的年鉴一般都包括完整的成员及其与其他组织和部门的联系列表。诸如《名人录》这样的各类传记名录详细记载了个人的生平和生活史,包括隶属的组织机构、亲属关系和居住地等。人们也经常利用报纸和其他媒介收集关于个体的关系资料,尽管其中的资料较少以在目录和年鉴中使用的预先设计的列表方式呈现。现在,许多这样的文本资料在网上都有其电子版,可以通过自动的数据挖掘技术来整理,从而使得在编制初始的关系数据列表时比以前更加容易。

民族志研究往往利用观察法和正式及非正式访谈的对话技术。研究者据此可以更容易控制所收集的数据的性质和形式。例如,可以直接询问被访者说出他们的联络人和隶属关系情况。这在个体网研究时尤其有用,因为其数据会反过来关联到特定的个体或组织。然而,这样得到的数据受到被访者的记忆力和真实性的限制。当然,这是访谈中普遍存在的一个问题。无论是公开的观察,还是隐秘的观察,都可以直接报告个体和群体的关系和隶属情况。例如,在霍桑研究中,对触排布线群体的观察产生的信息包括:谁对谁说话了,谁求助了,谁提供了帮助等。

调查法得到的数据是通过标准化问卷收集到的系统的信息,它是关系数据的一种重要来源(Marsden,2011)。这种研究方式可用于个体网数据,但是也尤其适用于收集整个群体或整体的全部数据。在大群体中,利用调查法收集数据的一大局限性在于它需要抽样。下文将指出,当研究者对社会网络的整体结构感兴趣的时候,抽样通常是不可能的。尽管个体网数据可以通过抽样调查来收集,大多数整体结构却不能根据抽样数据来测量。

在收集关系数据时通常要编制个案和关系列表。这种研究有一些内在的问题,我们可以通过考虑朋友和结识关系数据来展示该问题。在当代美国,一个人能够认识的总人数估计在 3 500 人到 5 000 人之间(Pool,1978;Freeman and Thompson,1989)。显然,我们不可能针对一个样本中的人细问他们的结识者的情况,也不可能观察他们的互动总体。出于这些原因,现有的研究一般都关注大大缩小了的个人网络,请人们说出其认识的四个(或五个、六个)最要好的朋友的名字。也可以请他们说出自己经常求助之人,在过去的一周或一个月内见过、拜访或打过电话之人,讨论过工作问题之人,或者共享休闲兴趣之人的名字。所有这些技术都叫做"提名生成法"(name generators)(Marsden,2011)。它涉及所有常见的提问措词性问题:什么是"亲密的"朋友? 间隔多长时间算作"经常"? 如此等等。也就是说,在利用问卷和访谈收集社会科学数据时会涉及我们熟知的一些问题,而利用这样的提名生成法虽然也能生成可用的名字列表,但是我们也必须根据这些熟悉的问题对其结果进行解释。

42

关系数据的选择和抽样

理清关系数据的收集方式之后,就可以考察与选择要分析的关系数据有关的诸多重要问题。这些选择性问题涉及社会关系的边界性以及从关系数据中抽样以便向整体网络作推断。为了确定网络的边界,人们广泛采取两种进路。按照"实在论"(realist)的进路,人们尝试区分的边界是被参与者视为真实存在的,因此对应于社会群体和组织的实际界限。而按照"唯名论"(nominalist)的策略,研究者需要利用某种形式的标准来识别某种类属的边界。该类属要有某种分析上的重要性,但它可能不是一个社会组织起来并被认知的群体(Lauman et al.,1989)。

当研究小规模社会网络的时候,现在人们通行遵循实在论的策略,尝试区分出一个特定群体的全部成员,追溯他们之间的各种联系。例如,在小群体中,可以直接收集整个群体的关系数据。然而,如何清楚地界定所研究的关系,这里是存在一些问题的。社会关系就是社会结构,是在参与者对情景进行界定的基础上生成的。前文已指出,"密友"关系对于不同人来说可以意义颇为不同,这取决于他们如何理解"紧密"的含义。当研究者简单地追问被访者指出他们的"密友"的时候,他不能确保所有的被访者对"紧密"都有同样的理解。对"紧密"

有严格界定的被访者将划定围绕自己的比较狭小的边界,而那些对"紧密"有宽泛理解的被访者会识别出较大的边界。因此,密友群体的界限就因人而异。研究者将这些个体的理解聚合在一起,据此确定的边界可能完全是人为的:它们可能只是由问法的不同带来的结果罢了。另一方面,如果研究者明确地根据如互动频次等指标来界定"亲密",那么他(或者她)就会把自己的这种亲密定义加到被访者身上,此时朋友的界限仍然是人为的。有一些研究者利用这种相对性来探究有关朋友的主观感觉,请人们将他们的各类朋友画在围绕着自身的同心圆上,不同的圆代表与核心者的紧密度不同(Spencer and Pahl,2006)。

这个问题很重要,因为研究者有关关系系统界限的观点可能不明确。人们常常假定,个体之间的社会关系只限于所研究的特定群体或者区域之中。该区域之外的关系被忽略了,就这一点来说,社会网络分析就是对整体网的不完美的表达。这一点在非正式群体(如街头团伙)中更为明显,因为该群体的边界松散,团伙成员的活动也超出其核心成员之外(Yablonsky,1962)。对于比较正式的群体来说情况也如此。例如,克尔和费希尔(Kerr and Fisher,1957)讨论的"工厂社会学"(plant sociology)关注的是独立于更广的经济之外的特定工作组和办公室的空间界限。这种研究使研究地点脱离它所嵌入的较大的区域系统、国家系统和国际系统。限定在局部工作情境的研究可能区分不出那些超出工厂之外的关系。

斯泰西(Stacey,1969)也以同样的风格批判了这种局域性的研究,因为这种研究假定"社群性"的团结纽带局限在当地的社会系统之中。她认为,必须把这些关系看成是与更大的经济、政治系统纠缠在一起的。如果研究资金在网络中的流动,那么这种局部性的研究不应仅限于地理上的局域内部。在资金流通过程中,许多最重要的机构恰恰位于该地理区域之外,如一些州政府机构、地方性银行和国家银行、跨国公司等。如果这些机构对于资金的流动来说要比一些地方性的组织和机构重要的话,那么一种基于局部的研究计划就会面临一种可能性,即它对相关的交易网络结构的看法是非常不充分的。当人们通过电子邮件和互联网进行交流,产生了虚拟关系得以建立的扩展性网络空间的时候,这一点就更加重要了。

　　所有这些问题都指向如下事实,即网络界限的确定不是一个简单的对所研究的情景区分出明显自然或显然的边界的问题。尽管"自然"的界限确实可能存在,但是,在一项研究计划中,界限的确定是一项在理论上有充分证据支持的决策的产物,即确定在所研究的情景中什么是重要的。例如,在研究政治关系的时候,如果坚持唯名论的进路,就需要认识到什么算"政治的",它如何与"经济的""宗教的"和其他社会关系区分开来,并且相关政治单位的界限选定等都要有理论根据。研究者要进入一种概念考证和模型建构的过程,而不仅仅是一个收集"事先形成的"数据的过程。

　　假设相关的界限已经确定,下一步任务就是确定研究的目标总体。对此任务的研究通常有两类进路:"位置"进路和"声望"进路。[1]在位置进路(positional approach)中,研究者首先从得到正式界定的特定位置的占据者或者群体成员中进行抽样。首先,要确定感兴趣的位置或者群体,然后从中抽取出位置的占据者或成员。除非所研究的总体特别小,否则都要求有某种列举出来的列表,该表要涵盖整个目标群体。此类研究路数的例子很多,例如从一个班级、一个村庄、一个工作班组中抽样,或者从政治精英、公司董事会等机构中抽样。对于位置研究来说,一个常见的问题是如何确定研究哪些位置。例如,精英研究常常受到批判,因为这种研究只区分出机构等级中的高层位置,特别是有时候研究者没有为所利用的临界标准提供真正的辩护,而直接用它将机构等级中的"高层"位置与其他位置区分开来,这个时候,此类研究就更受到批判。当然,这个问题也反映了上述讨论的一般性的界限问题,重要的是,某些特定的位置是包含在内还是排除在外,研究者要在理论和经验上给出可辩护的原因。

　　有时候这需要一个假设,即认为总体内部会有一些"自然"的子群体。例如,在研究商业连锁关系时,人们常常关注存在于一个经济体系中的"250 强"公司。[2]这种研究策略就涉及如下假设,即第 250 个和第 251 个公司之间的差距构成了大公司和中等规模公司之间的自然边界。然而,这些边界很少能够得到精确的界定。规模从大到小有一个持续的衰减过程,并且尽管可能区分出使规模分布的斜率改变的点,一般也不可能给出明确的界限来。确实,大多数此类研究都没有考虑到斜率变化的总规模分布,而只是利用一种人为的、先验的临界标准:尽管有人研究了 250 强公司,其他人却研究分布中的前 50 强、前 100 强或者前 500 强的公司。[3]

　　在位置研究中,有时候对研究个案的选择可以遵循先前在选择隶属单位时的做法。例如,一个董事职位可以看成是一个人隶属于某个公司,而研究者可能已经决定把关注点限定在特定的一些公司上。在这种情况下,选择什么样的董事来研究,这就取决于在选择公司时所坚持的标准。[4]

　　有时候不存在相应的位置,也没有全面的名单,或者行动者自己的认识对于总体边界的确定来说非常重要,此时就可以进行声望研究。在此类研究中,研究者要考察由信息灵通的线人提名的所有人或者部分人。列表中包括的人是那些被提名成为目标总体的成员。例如,根据不同的研究目的,线人可能就"哪些人是社区中有影响力的人""哪些是商业中名望高的人"等进行提名,然后把这些提名组合成为目标总体。显然,在声望研究中,线人的选择是极其重要的。研究者必须有充分的理由相信线人对目标总体有很好的认识,并且能够准确地汇报出来。至于情况是否真实,常常只有当探究结束之后才知道,因此在研究策略中有一定的循环性。考虑到此,研究者应该努力诉求理论上和经验上的理由来选择线人,尽可能使线人独立于所研究的特定社会关系。

　　这种要求并非总是可能的,因为在这种声望研究的一种特殊变体,即应用所谓"滚雪球"技术的研究中,所遵循的程序恰恰相反。在这种研究中,先研究一小部分人,再请每个人提名其他人。再对这些被提名者进行访谈,并请他们进一步提名。随着提名的进行,就像一个雪球那样建立了一群被访者。最后,在每一轮访谈中将很少有新添加的提名者了。在滚雪球方法中,社会关系本身被用作建构群体的一种关系链。然而,就其本质来说,一个滚雪球样本一般是围绕着作为开始点的一些特殊个体的关系而组织的。因此,所选用的方法一般决定了得到的社会网络的许多关系属性。这种网络是根据相互联系的一个行动者群体中的各种关系建构起来的,如劳曼等学者所评,"由滚雪球抽样方法构造出来的网络是关联紧密的,这一点几乎不用言说。"(Laumann et al.,1983:22)

　　当研究者力图直接选出隶属单位的时候,就需要最后一种选择策略,该策略既不是位置研究也不是声望研究。例如,这样的研究可能选出人们参与的活动和事件,这种选择与曾用于区分人们的任何位置或者组织是无关的。例如,在对纽黑文市(New Haven)的研究中,达尔(Dahl,1961)应用"参与制定关键决策"作为选择的基础。因此,"参与决策"就被看成是一个"隶属项",人们据此可以赋予该项一个二值的或多值的数字,这些值要独立于他们在组织中占据的位置。这让达尔(他可能也认为)对不同类别行动者的相对权力进行评价,而不用假定权力是社会位置的一种自动关联项。与之类似的另一项研究是由戴维斯(Davis,1941)及其同事在《远南地区》(Deep South)一书中作出来的,书中研究了一些社会事件,最终用一个矩阵来展示18位女性参与14个事件的情况。当然,在此类研究策略中存在的问题是,如何对所选择的各个隶属项进行论证:最重要的事件被选出来了吗? 什么是"关键问题"? 因此,选择真正的隶属项恰恰与在选择个案过程中涉及的问题是相同的。之所以选出这些事件和活动,是因为人们认为它们有客观显著性(这是位置研究的一个变体),或者因为一些博闻的线人认为它们重要(这是声望研究的一个变体)。

　　到目前为止,笔者探讨的主要是根据完全列举或准-列举(quasi-enumeration)的方式来选择整个总体的问题。但是有时候必须利用样本资料,此时这些问题就变得复杂了。在小群体研究中很少出现抽样问题,因为一般可以列举出群体的全部成员及其间的关系。然而,当研究大尺度社会系统的时候,难以做到完全列举,此时将出现一些特别难解的抽样问题。所需要的大量资源本身就会阻止对大总体进行完全的列举,但是,即使这种研究可行——例如在对一个总体进行普查的时候——作为结果的大规模数据集合将使得任何分析变得极端困难。在计算领域的发展已经使得包含属性数据的数据集合易于处理,可以实现大多数统计目标。就关系数据来说,数据集合可能成百倍增加,也需要有相应的强大计算机。在一个拥有 5 000 人口的比较小的村落之中,将包含 25 000 000 项数据点,这已经超出了大多数现有的计算机的分析能力。对于一个拥有几百万居民的国家来说,数据之巨大几乎难以想象,用来分析它的强大计算机只存在于科幻小说之中。

当然,在前计算机时代,同样是这些问题却导致了抽样技术的发展,从而允许使用诸如容量为 1 000 的样本而用不着对一个更大的总体进行全部列举。关于抽样的统计学理论一般要设定一些条件,在这些条件下,从样本中收集到的属性资料可以推广到对总体的估计。因此,可以假定,来自大总体的抽样可以为社会网络分析提供类似的解决方案。图 3.1 概要地说明了社会网络分析中的理想的抽样过程。各类社会关系组成一个整体网,在这个复杂的关系系统中将涉及一个特定的能动者群体。在该关系系统中,社会学家可能把构成了经济关系、政治关系、宗教关系等的网络确定为"局部网"。当坚持一种完全列举策略的时候,研究者试图保证在全部相关关系上获得完整的信息,因而可以构建一些充分的局部网模型。

抽样的任务看似显而易见,简单明确,无非涉及在调查研究中的一般性的抽样原则罢了:从一个待研究的总体中抽取出有代表性的个案样本,研究它们之间的关系,构造一个样本网络,该网络要与作为一个整体的总体中出现的局部系统保持相应的关系。实际情况并非如

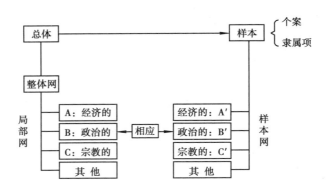

图 3.1　网络和抽样:理想型

此简单。抽样的一般原则的基础是在大量观测的基础上运用概率论，并且在判断抽样资料的信度方面已经有一些得到充分检验的数学规则。但是，在判断来源于一个样本的关系数据的性质方面不存在这样的规则；我们有充分的理由假设抽样可能导致不可信的数据。虽然我们可能抽出有 1 000 个个案的样本来分析，但是仍然不能保证这个抽样网络的结构会与其对应的局部网结构之间有什么关系。一个有代表性的能动者样本本身并不给出一个有用的关系样本（Alba，1982：44）。

初看起来，这不像是一个真问题。例如，能动者之间关系的总体分布以及他们的"密度"（density）[5]似乎可根据样本数据轻松估计出来：样本提供了每个个案的网络属性的数据，这些数据可用来计算全体网络参数。例如，要估计一个国家中的朋友关系的密度，可以询问一个随机居民样本有多少个朋友。如果样本量足够大，那么这些估计值应该是可信的。但是，几乎不可能超出这些基本的参数来测量网络结构的一些定性方面。

其中的原因与从一个行动者样本中获得的关系数据的稀疏性有关。即使存在一个完美的应答率，并且全体被访者完整地回答了全部问题，被访者提名的接触者本人却不是样本的成员。这意味着，样本各个成员之间的关系数量只是他们之间的全部关系的一个很小的子集合，并且也没有理由相信在样本的各个行动者之间确定下来的这些关系本身就是针对同样这些行动者之间的全部关系的一个随机样本。对于一个非常大的总体，比如对于一项全国性质的研究来说，一个随机样本中的任何成员几乎不可能与该样本中其他成员之间存在任何类型的社会关系。如果在一个总量为几百万的总体中随机抽取出两个人，那么二者之间存在关系的概率极其微小，可忽略不计。因此，研究者根本就不能根据一个随机样本对全国性总体的关系结构进行说明。伯特（Burt，1983a）曾经有一个粗略的估计，即通过抽样损失的关系数据量等于（100-k）个百分点，其中 k 是样本量占总体的百分比。这样看来，他认为，10% 的样本量将丧失 90% 的关系数据。即使占总体 50% 的样本也将丧失一半的数据。这种数据的丧失使得在常规的抽样研究中不可能确定派系、聚类以及其他大量的结构性质。

从获得关于所研究的特定个体的基本关系属性测度角度讲,抽样数据也可能导致一些困难,特别在调查中存在一定数量无应答数据时更是如此。例如,当试图估计一个网络中的行动者在社会计量意义上有多大知名度的时候,假设在该网络中知名度非常高的行动者极少,大多数人的知名度都不高。[6] 由于知名度高者数量很少,一个样本就不足以充分包含知名度高的行动者,因而不能推出网络中的总体知名度模式。这类似于通过全国范围内的随机抽样调查对少量的精英或者统治阶级进行研究中出现的问题。除非样本量确实很大,否则他们出现的数目不会足够大,而一个极大的样本又会大大抵消抽样的意义。当然,围绕着该问题的一个方案是利用分层抽样,这样可保证知名度高的人被选中的概率也高。然而,这里明显存在一个困难,即只有研究者已经了解知名度在总体中的分布,这种抽样策略才可行。

到目前为止,针对这些抽样问题一般存在三种不同的回应。第一,放弃测量社会网络的整体性质的努力,把关注点限定在个人的、个体中心网上。这种研究策略需要考察人们无限制地选择出来的人(包括在样本中不包含的那些人),并且计算一些指标,如密度和其他个体中心网的特征等。由于人们不试图推广到诸如总体网络的密度或"紧密联系"结构,因此抽样带来的问题就比其他任何类型的社会研究带来的问题都少。这也是韦尔曼(Wellman, 1979)、费希尔(Fischer, 1982)和威尔莫特(Willmott, 1986, 1987)在关于友谊和社区的研究中所采用的策略。

第二种反应是利用滚雪球方式。弗兰克(Frank, 1978a, 1979)认为,研究者应该勾勒出一个初始的个案样本,然后收集该样本成员的全部接触者,不管这些接触者是否为初始样本的成员。再将这些接触者加入样本之中,并利用同样的方式再发现这些接触者的接触者。多次持续这种扩展过程,我们会发现越来越多与初始样本成员有间接接触的人。研究者必须决定这种滚雪球持续到何时为止。通常情况下,要持续到加入样本中的额外成员的数量迅速减少的一步为止,因为再提到的名字已经在第二次或第三次滚雪球中被提到了。弗兰克指出,这种滚雪球方法允许人们合理地估计诸如接触者的分布、二方组和三方组的数量等事项。当然,一个滚雪球样本不是随机的样本:所发现的结构实际上"内嵌于"滚雪球抽样方法本身。但是,为了避免在一个随机样本中关系的稀疏性,恰恰需要进行这种滚雪球抽样。滚雪球抽样方法有一个假设,即构成样本网络的某部分关联网代表着该网络的全部其他部分。如此看来,研究者必须对总体及其关系有所了解,以便对其代表性进行评价。但是,滚雪球抽样方法至少可以让我们估计结构的哪些特征是这种抽样方法本身的产物,因而可以在分析中加以控制。[7]

针对抽样问题的第三种反应来自伯特(Burt,1983a),他提议转向关注社会网络的一些定性特征。伯特特别关注如何区分出"位置"或者结构定位,如角色等。在一个网络中,如果假定处于类似结构位置的行动者会拥有各种共同的社会属性,就可以利用调查得到的有关拥有特定属性的行动者之间的典型关系数据来估计在网络中可能存在哪些结构位置。从每个回答者那里必然可以获得其社会属性方面的信息,也可以获得与他们联络之人(包括样本之外的人)的属性信息。然后,即可把各个行动者归为各个组,每组的行动者都有一些共同的属性集合,这些组可安排到一个组-组列表之中,这个表展示了各类成员之间的关系频次。例如,我们可能发现,70%的男性白人拥有男性黑人朋友,而只有20%的女性白人拥有男性黑人朋友。伯特认为,如果研究者可以完全列举一个总体中的全部男女,就可以利用这些测度估计各种社会"角色"之间期望出现的多值关系。

50

利用抽样方法来研究大尺度的社会系统,其收效甚微。尽管目前似乎不太可能在样本中发现诸如派系、聚类等性质,但我们仍然可以期待,随着网络抽样技术的深入发展,这种发现就会成为可能(Alba,1982:46;Frank,1988)。

关系数据的准备

对非常小的数据集可以直接分析。例如,我们可以轻松地手画一个 4 人或者 5 人群体的邻接阵和社群图。然而,网络规模越大,手画就越难。当分析包含超过 10 个个案和 5 个隶属项的数据集合的时候,除了用计算机以外别无他法。利用计算机不但节省时间(例如,霍曼斯在研究 18 个女性参与 14 个事件的数据时,利用手工方法对矩阵进行重排,花费了很多时间,而电脑只需要几秒钟即可完成这一过程),还可以分析一些手工法不可能做到的工作。

如果关系数据得到恰当的准备和存储,就可对它进行有效的管理和操作。因此,需要考虑如何将数据集的逻辑结构转译为一个计算机文件,这一点很重要。第一步通常是对行动者或事件的名称进行分类,产生名单,进而分析它们之间的关系。例如,在研究连锁董事成员的时候,就要生成一个包含各个目标公司及其董事的名单,以字母顺序排序,然后区分出那些出现两次或多次的名字。在执行过程中,一个直接的方法就是利用文本编辑器或字处理程序来生成一个数据文件,因为名字可以用文本形式输入、分类和编辑。这些程序都可以根据字母顺序或者数字顺序对数据进行分类,这样有助于分析和操作。[8] 只要数据是以原初的形式存在,就需要在使用之前进行清理工作:例如,可能有必要确定约翰·史密斯(John Smith)、J. 史密斯(J. Smith)和约翰·H. 史密斯(John H. Smith)是同一个人,还是两个或三个人。

此类分析的最常见的结果是用"联系名单"(linked list)的格式表示数据。在联系名单中,数据文件中的每一行文本都表示一个个案及其隶属项。例如,它可能是一个董事的名字,后面跟着该董事所隶属的全部公司的名字(或者可能以编码的、标签的形式表示)。UCINET 和 PAJEK 以及诸如 EXCEL 这样的数据表程序都可以利用联系名单表示数据,这样就可以保存每个个案的标签及数据属性。

即便最简单的工作表也可用来存储和组织关系数据。用这些程序准备数据的时候,所保存的文件应是可读的,可用其他专业程序打开。现在,数据表程序随处可见,因而值得把它们看成是一个保存和操作社会网络数据的基本系统。如果数据已经根据联系名单转换为二值或多值形式的表,那么可用数据表程序计算一些基本的统计测度,如行数和列数、频次分布、相关性等。其中的一些测度可以转换成屏幕上的图形并打印出来。例如,频次分布可以立即用一个直方图或条形图展示出来。在许多数据表程序中内含的数学函数主要是那些更适用于进行变量分析的财务和统计程序。尽管如此,也有很多数据表程序包含一些矩阵数学的计算工具,可以用它们来计算网络的各种结构属性。[9]

　　在数据表程序中储存的数据可以很容易地操作,解决了网络分析者在数据准备中曾经困扰的实际问题。例如,几乎所有的数据表程序都允许对行和列按照字母顺序或者数量顺序进行分类,自动重排数据。工作表程序中的"范围"(range)选项可用来选定表的特殊部分,以便复制成一个新的文件。例如,如果一个文件存储了人们之间的朋友关系表数据,就可以选择男性或者女性数据单独作分析。然而,如果要计算一些比较高级的测度,最好不用数据表程序,而用其他社会网络分析的专业软件,除非得不到。数据表程序的用途应该主要是存储数据,执行重排和操作等直接的数据管理功能。[10]

　　UCINET 和 PAJEK 都以如联系列表(linked list)这样简单的表格形式存储数据,很容易把数据表中的相应文件直接转换为上述两种文件形式。[11]在大多数情况下,最好尽早将数据转换为上述某一种专业软件的文件形式,只有在必须加上属性数据并用于统计分析的时候,才把这些数据再读回到数据表程序中。事实上,在这些情况下,最好把数据输出到诸如 SPSS 这样的专业统计软件当中。

关系数据的组织

　　一旦收集到全部社会研究资料,必然用某种数据矩阵(data matrix)的形式来处理(Galtung,1976)。数据矩阵就是一种架构,其中的初始数据或编码数据是根据一种效率或高或低的方式组织在一起　52

		变量			
		年龄	性别	收入	....
个案	1				
	2				
	3		各种属性		
	4				
	⋮				

图 3.2　进行变量分析的数据矩阵

的。最简单的数据矩阵就是画在纸上的一个图表，它包含很多行和列。当数据集合较大或较复杂的时候，就有必要在记录卡片或者计算机文件中存储数据矩阵，前文已经强调了利用数据表程序和社会网络分析程序以备存储基本数据。无论数据矩阵采取什么具体形式，其逻辑结构总是一个图表。在变量分析中，属性数据可以用一个个案-变量矩阵来组织。每一个被研究的个案（如调查研究中的被访者）都用矩阵中的一行来表示，列则代表用来测量这些被访者的属性的变量。图 3.2 就是这样一个简单的数据矩阵，其中包含了说明性的变量。对于大多数标准的统计程序来说，数据都是以这种方式加以组织的。

这种个案-变量（case-by-variable）数据矩阵不能用来表示关系数据。相反，关系数据可以从个案-隶属关系矩阵（case-by-affiliation matrix）这个角度来看待。个案仍然是作为分析单位的一些特定的能动者，但是各个隶属项则是这些能动者所卷入的组织、事件或者活动等。如此看来，矩阵的各个列代表了各个隶属项，从而可以区分出哪些能动者参与了何种隶属项。从这种个案-隶属矩阵中，可以引出关于行动者之间的直接关系和间接关系的信息。例如，图 3.3 展示的就是一个简单的个案-隶属矩阵，它表达了 3 个人（记为 1、2、3）参与 3 个事件（记为 A、B、C）的情况。如果某人参与了某一事件，则在矩阵的对应元素处记为“1”，否则记为“0”。由图 3.3 可见，3 个人都参与了事件 A，都没有参与事件 B 和 C。这样，根据这个矩阵画出来的社群图就表达了在个体之间相互联系的一个简单的三人结构。可以把这个社群图解读为：每个人在某个特定的事件中都与另外两个人相遇。

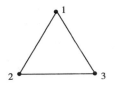

图 3.3 一个简单的矩阵和社群图

　　即便对于中等规模的数据集合来说,构建其社群图也是非常困难的。各条线将以各种角度相互交叉,形成多种关系的重叠,此时将丧失任何可见的、可以理解的结构。的确,利用常规的手画法不大可能 53 建构出一个大型数据的社群图来。因此,社会网络分析者早已试图寻找记录关系的替代方案。在遵循数据矩阵原则的基础上,被广为接受的解决方案是构建个案-个案矩阵,其中每个行动者都要列举两次,一次表达在行中,一次表达在列中。每一对行动者之间如果存在关联,矩阵的对应格值则用“1”表示,否则用“0”表示。这个观点可能不像社群图那样易于立刻理解,因而需要再行赘述。

　　图 3.4 表达了社会网络数据矩阵的一般形式。对于初始的或者编码的数据来说,其最基本的形式就是前文所说的个案-隶属关系矩阵,其中各行表示能动者,各列表示行动者所隶属的事项。这是一类 2-模(2-mode)矩阵或长方形矩阵,因为行和列表达的是不同的数据集合。因此,矩阵中的行数和列数一般不等。[12] 从这种基本的长方形矩阵中可以推导出两个方阵或 1-模数据矩阵(one-mode matrices)。在个案-个案方阵中,行和列都代表个案,具体的矩阵格值表示特定的一对行动者是否由于共同隶属于一个事项而关联在一起。因此,该矩阵展示了行动者之间实际存在的关系。就其所表达的信息来说,该矩阵与其对应的社群图是完全等价的。在第二类方阵中,行和列都代表隶属项,每个具体的矩阵格值展示了特定的一对隶属项之间是否由于拥有共同的行动者而关联在一起。在社会网络分析中,这种隶属-隶属关系方阵非常重要,因为在个案-个案方阵显现不了的重要的社会结构维度通常在这个矩阵中能得以展示。这两个 1-模矩阵展示了网络中特定的行动者之间的关系,大多数网络数据都可以用这种形式获得,用

图 3.4　几类社会网络矩阵

不着必须从 2-模矩阵中导出来。例如,在某所初中的孩子之间的择友关系,或者在某个村落生活的人们之间的亲属关系等都可以用这种形 54 式表示。

　　如此看来,一个 2-模的长方阵可以转换为两个 1-模的方阵。[13]其中的一个方阵描述的是初始阵的行,另一个描述的是初始阵的列。我们并没有向初始阵中加入什么信息,这两个矩阵的生成无非是对初始阵的一种简单的转换罢了。长方阵和两个正方阵是同一关系数据的对等的表达方式。在社会网络分析中,长方阵一般被称为"发生阵"(incidence matrix),两个正方阵被称为"邻接阵"(adjacency matrices)。这些术语来源于图论,其含义将在后文详加解释。在这里,我们仅仅记住这些术语即可,因为它们是在关系数据矩阵中最常使用的术语。大多数网络分析技术都涉及对邻接阵进行直接操作,即将初始的发生阵事先转换为两个邻接阵。因此,研究者必须理解自己所使用的数据的形式(不管它是发生阵还是邻接阵),也要理解在网络分析程序背后的一些假设,这是尤其重要的。

　　当研究者收集到有关个案及其隶属关系的 2-模数据的时候,一般来讲,最好把这些信息整理成一个发生阵,然后从中可导出在社会网 55 络分析中使用的邻接矩阵。然而,在某些情况下,研究者可能直接用个案-个案形式来收集关系数据。例如,在一个小群体中的择友情况即是如此。这种情形得到的数据被称为直接社会计量选择数据(direct sociometric choice data),此时可以立即用邻接矩阵把信息组织起来。无需费心思考即可知道,在这种情况下不存在与该矩阵对应的发生阵,也不存在与之互补的邻接隶属矩阵。当然,其原因在于全体行动者都仅共享一种隶属性,这就是如下事实——即他们已经互选对方为朋友。[14]

出于许多社会网络分析的目的,"个案"和"隶属项"之间的差异可能是人为设定的。例如,在研究 18 位妇女参与 14 个社会事件的时候,一般把妇女看成是个案,把事件看成"隶属项",这是可以理解的。这确实与标准的抽样调查把行动者看成是个案是一致的。但是,对于诸如"多个群体的成员如何共享"这样的现象来说,就很难指定哪个是"个案",哪个是"隶属项"了。此类研究的兴趣点在于,多个组织的成员在多大程度上有重叠,它们招募新成员的方式在多大程度上相似。在社会学意义上,"组织"及其"成员"都是能动者,因此被看成是"个案"的权利是相同的。可以将成员看成是个案,此时他们所在的组织就被看成是其"隶属项"了;或者相反,把组织看成是个案,把组织共享的成员看成是隶属项。出于网络分析的目的,究竟把哪些行动者看成是个案,这仅仅依赖于哪类行动者在研究设计中被认为是最重要的。

这种决定通常体现在先前的抽样决策之中。如果认为组织非常重要,就可以选取由多个组织构成的一个样本来研究,并且在后续分析中出现的人物只能是这些组织的成员。在这种研究设计中,组织有一种理论优先性,其中比较合理的想法是认为成员表达了组织之间的隶属关系。然而,就网络分析技术而言,把何者看成是"个案"已无关紧要。因为不管作出怎样的选择,所用的程序都一样,研究者的任务就是确定可以对哪一类进行有意义的社会学解释。[15]

因此,一般情况下,可以把"个案"和"隶属项"之间的区别看成是网络分析的研究设计中的一种纯粹的约定。这种约定进一步体现在将个案置于发生阵的行位置上,而"隶属项"放在列位置上。这种做法的根据是在属性分析中所作的约定,即个案用行表示,变量用列表示。 56

如果用数据矩阵作为关系数据的一种基本组建框架,那么还必须理解另外一些约定。这些额外的约定被认定是网络分析中最佳实践的基础,因为它们有助于在研究讨论中保持最大的明确性。大多数读者可能熟知基础数学中的各种约定。例如,在画常规变量图的时候,

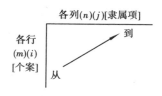

图 3.5 矩阵中的约定：最佳做法

一般约定垂直轴为因变量，并记为 y 轴。水平轴表达自变量，记为 x 轴。这种约定能防止我们在阅读图的时候出现混乱，并保证了关于图的任何陈述都不模棱两可。与之类似，关于关系矩阵的一些约定也有同样的目的。

在讨论矩阵的时候，一般约定把矩阵的行数记为"m"，列数记为"n"。在描述矩阵规模的时候，常常先指出行数，后指出列数。因此，矩阵的总规模可以总结为是一个 $m \times n$ 矩阵。例如，图 3.4 中的发生阵就是一个 4×5 矩阵。在描述任何一个特定格值的内容的时候，也常常先给出该格的行，然后给出列，并且用字母"a"来代表该格包含的真实值。这样，在第 3 行、第 2 列交叉处的矩阵格值就记为 $a(3,2)$。推而广之，我们约定行用 i 表示，列用 j 来表达。因此，$a(i,j)$ 指的就是第 i 行、第 j 列交叉处的值。也就是说，一个格值的一般表述方式为 $a(i,j)$，研究者可能继续指定 i 和 j 的具体值。图 3.5 总结了这些约定。

最好用一个实例来展示如何应用矩阵分析关系数据。图 3.6 包含了一个虚构的公司之间的连锁董事数据。当某个人兼任两个或者多个公司董事的时候，我们就说存在一个连锁董事。他（她）出现在两个董事会中，就在这两个公司之间建立了联络。在很多连锁董事研究中，核心关注点都是公司。因此，一般把公司看成是个案，公司因而出现在图 3.6 发生阵的行中。该矩阵的各个列即为隶属项，表达的是各个公司共享的董事情况。矩阵的每个格值用二值数据"1"或者"0"来表示，它们分别表达了每个董事是否出现在每个公司中。由图 3.6 可见，公司 1 有 4 个董事（A、B、C、D），而董事 A 同时是公司 1 和公司 2 的董事会成员。这意味着公司 1 和公司 2 之间有关联。邻接阵（2）表达了所有公司之间的连锁董事情况。在这个矩阵中，每个格值不仅表示连锁董事是否存在,还表达了每对公司之间共享董事的个数。每个格值包含的是实际数,而不仅仅是简单的二进制数,因为公司之间共享的董事可能多于1个。可见,公司1和公司4只有一个共同的董事,即C。而公司2和公司3则有两个共同的董事,即B和C。这一点可通过考察初始发生阵的列得到确认,从中可见,董事C身处公司1和公司2的位置上,董事B和C都坐在公司2和公司3的董事位置上。

对邻接阵的这种最简单的分析表明,关系的强度可以通过关系本身包含的"连锁董事数"来测量。那么,"最强的"关系存在于公司1和2之间以及公司1和3之间,每组都包含3个共享的董事。"最弱的"关系指那些只共享一个董事的公司之间的关系。公司社群图(4)清楚地表明了矩阵的结构,每条线上的数字表示线的强度或"取值"。这种社群图也可以用其他方法画出来:例如,用线的粗细表达关系的强弱,或者用一条、两条或三条平行线连接的点代表关系强度。每种方法都会表达相同的矩阵结构信息。

前文已经指出,从一个发生阵中可以导出两个邻接阵。在本例中,不但可以导出公司-公司邻接阵,还可以引出董事-董事邻接阵。图3.6中,该矩阵及与之相关的董事社群图表明了各个董事因担任同一

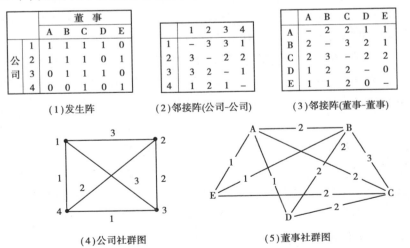

		董 事				
		A	B	C	D	E
公司	1	1	1	1	1	0
	2	1	1	1	0	1
	3	0	1	1	1	0
	4	0	0	1	0	1

(1)发生阵

	1	2	3	4
1	–	3	3	1
2	3	–	2	2
3	3	2	–	1
4	1	2	1	–

(2)邻接阵(公司-公司)

	A	B	C	D	E
A	–	2	2	1	1
B	2	–	3	2	1
C	2	3	–	2	2
D	1	2	2	–	0
E	1	1	2	0	–

(3)邻接阵(董事-董事)

(4)公司社群图

(5)董事社群图

图3.6 连锁董事关系矩阵

个公司的董事而带来的关系。例如,B 和 C 之间具有强关系,他们在三个独立的公司董事会(公司 1、2 和 3 的董事会)上相互谋面。A 和 D、A 和 E 以及 B 和 E 之间的关系相对较弱,因为它们仅参与一个董事会。董事社群图也表明了这样一些社群图观念,如 D 和 E 相对其他董事来说居于网络的"边缘"地位:它们的关联较少,关系一般较弱,实际上它们相互之间没有联系。

59

　　图 3.6 中的两个邻接阵也表达了社会网络分析中的进一步一般性的思考。首先,需要注意的是矩阵从左上角到右下角的对角线。在矩阵分析中,这种特殊的对角线仅仅指的是"对角线"(diagonal),因为对角线上的值不同于矩阵中的其他值。在一个方阵中,对角线的值表达了任何个案与自己的"关联"。在某些情况下,这种关联没有实际意义,但有时候它可能是网络的一个重要特点。例如,图 3.6 的矩阵(2)的对角线的值就代表每个公司与自己的关系数。在本例中,这没有什么特殊的意义。一个公司通过其所有董事而建立与自己的联系,这一点确实为真,但无意义,因为我们关注的是公司之间(inter-company)的关系。因此,对角线上的值是不存在的,在分析的时候可以不考虑。网络分析的许多技术程序都要求研究者指定对角线的取值是否需要考虑。研究者必须清醒地认识到矩阵中对角线的地位,并且要理解某些特定的程序是如何处理对角线值的。

　　由图 3.6 可见,邻接阵关于其对角线对称:每个矩阵的上半部分是下半部分的"映射"。其原因在于这种数据所描述的是"无方向的"网络,例如,公司 1 到公司 2 的关系等于公司 2 到公司 1 的关系。一般认为,这种无向关系的存在与否不涉及权力和影响沿着一个方向(而不是另一个方向)的实施。因此,对于一个无向网络的邻接阵来说,其全部关系信息都包含在矩阵的下半部分;严格地说,上半部分是多余的。因此,许多网络分析程序仅要求知道邻接阵的下半部分即可,不要求有全部矩阵。对于无向网络来说,这种分析方法没有损失任何信息。

　　无向数据是最简单,也最容易处理的一类关系数据,也许现在有必要花点时间讨论一类比较复杂的数据了。在变量分析中,需要考虑的一个最重要的问题是适用于一个变量的"测量层次"是什么。也就

方向性

		无方向	有方向
多值	二值	1	3
	多值	2	4

图 3.7　关系数据的几种测量层次

是说,属性数据应该被测量为定类层次,还是定序、定距、定比层次。只有在选择了测量层次之后,才可以据此选择适用于该数据的特定分析程序。与之类似,根据关系"有""无"方向以及/或者是否"多值",关系数据也存在同样的测量问题。图 3.7 根据这两个维度对关系数据作了四个测量层次。

60

　　最简单的一类关系数据(类型 1)是无向二值数据。图 3.6 中的发生阵数据即为此类型。其中的两个邻接阵则包含第二类关系数据:其关系无方向但多值。[16]前文已经指出,图 3.6 中邻接阵所包含的"多值"数据(类型 2)来源于初始发生阵的二值数据。多值主要表达了关系的强度而不仅仅是关系的有无。上一章讨论的与平衡理论相关联的符号数据(signed data)也是关系数据,其中的符号"+"或者"-"赋予每一条线。这些关系可以看成是二值关系和多值关系之间的一种中间类型。这种数据不仅表现了关系是否存在(因为关系的存在用给出的正号和负号来表示),而且表达了关系的性质(这种性质只用正负两极表示,不用实际取值表达)。当然,可以把一个记号和一个取值结合在一起,赋予关系数据以不同的编码,例如从 -9 到 +9。在这个过程中,取值不能仅代表个案之间共同隶属的事项数,因为它们共享的事项数不可能是负数。因此,这些值必定是关于关系强度或者紧密度的其他测度。当然,这种过程要有社会学的论据,该论据应该提供一些稳固的理论和经验原因来说明为什么要以这种方式处理数据。

　　多值数据总可以转变为二值数据,方法是把矩阵二值化,用一个临界点对各个单元值进行"切分",尽管这样做会损失一些信息。在切分过程中,研究者只考虑那些高于某一层次值的关系,视之为显著关系。所有高于该层次的值都被切开,高于此层次的格值都用"1"来表

示,等于或低于该值的格值都用"0"来代替,这样就构造了一个新的矩
61 阵。在网络分析中,这种切分数据矩阵的过程是非常重要的技术,第 5
章将对此详加讨论。有向数据采用二值或多值的形式,也可以应用同
样的切割程序把多值有向数据(类型 4)降低为二值有向数据(类型
3)。把有向数据下降为无向数据,仅需要忽略关系的方向即可。此时
研究者需要考虑的重要事情仅仅是关系是否存在,无需关注其方向。
在这种情况下需要忽略关系的方向,这是可以理解的。就此而言,应
该再给出一个恰当的矩阵约定。在包含有向数据的邻接阵中,通常约
定关系的方向是"从"行元素"走向"列元素的。如此看来,在一个有
向阵中,格值(3,6)表达了从个体 3 指向个体 6 的关系的存在或强度。
而个体 6 到个体 3 的关系应该表达在格值(6,3)中。这个约定体现在
图 3.5 中。正因如此,有向阵一般不关于其对角线对称,因而必须要考
虑整个矩阵,而不仅仅关注其下半部分。

　　复杂类型的关系数据总可以化归为简单的数据形式,最终,任何
形式的关系数据都可以看成是无向二值数据(类型 1)。因此,在全部
社会网络分析技术中,适用于分析此类数据的技术得到了最广泛的应
用。当然,反之不可,即不能将简单数据转换为复杂数据,除非在初始
数据矩阵之中还有额外的信息。[17]

　　研究者必须非常谨慎地对待关系数据的本质。特别是,他们必须
确认数据的测量层次是具有社会学意义的。例如,在研究公司连锁关
系的时候可以利用多值数据,这种研究就依赖于如下假设,即设定关
于多个董事职位的重要性是否恰当。例如,研究者可能假设,两个公
司之间的共享董事数是二者之间关系强度或者紧密度的一个指标
(indicator)。这样看来,有 4 个共同董事就意味着这两个公司之间的
关系可能比仅有 2 个共同董事的公司之间的关系"紧密一些"。但是,
这是一个有效的社会学假定吗? 如果不是,就不能利用数学程序计
算。数学本身不能为研究者提供答案。某些特定的数学概念和模型
之间是否相关,这总是一个需要研究者给出有充分根据的社会学判断
的问题。即使确定了可以应用多值数据,研究者也必须对在数学程序
中可能内含的其他假设保持警惕。例如,某个程序把取值看成是定序

变量还是定比变量？在前一种情况下,取值为 4 仅仅意味着比取值为
2 强一些;在后一种情况下,取值为 4 的关系就意味着比取值为 2 的关
系强一倍。再强调一遍,选择测量层次的问题是一个社会学问题,而
不是数学问题。

62

注释

　1 这些术语在讨论精英的时候得到了广泛的应用(Scott,1999)。正是劳曼等
学者(Laumann et al.,1983)最近才展示了它们与抽样问题的普遍关联。

　2 参见斯托克曼等学者(Stokman et al.,1985)在此基础上作出的系统的比较。

　3 当利用位置分析并且所有高于某个临界值的个案都选出来加以研究的时
候,严格意义上说我们并没有在处理一个样本。选取符合条件的所有个案,这可
以叫做"准-列举"(quasi-enumeration)。它不是完全列举,因为那些与"切线"外的
关联被忽略了。至于在大型公司网络中的数据选择如何避免这一问题的提议,参
见伯科威茨等人(Berkowitz et al.,1979)的著述。

　4 董事并不独立构成抽取的样本,这个循环性(circularity)使得许多常规的统
计检验无法应用,因为这些统计分析假定对个案进行概率抽样。

　5 下一章将充分讨论密度这个概念,它能够根据一个网络中能动者持有的平
均关系数来计算。

　6 在社会计量学研究中,声望问题是网络分析中"中心性"测量的一种形式。
这种测度将在第 5 章中讨论。

　7 当然,如果希望避免偏差,那么在滚雪球抽样中最初对回答者的选择就是
很重要的。

　8 大多数字处理程序都以一种专有的格式保存文件,也有必要将初始的文本格
式(raw text formats)保存为后缀为.tex 的文本文件(txt file)。这样的文件只包含与
字母和数字对应的编码。参见(Roistacher,1979)。

　9 被用来指代数据表中各个单元的数字和字母无需用作数据标签,尤其是当
数据被单独标记和注解的时候更是如此。由于表中的数字和字母简单易懂,所以
可以无异议地指代数据表中的任何单元。不幸的是,数据表的惯例与矩阵的相
反:在指代数据表单元的时候,列要先于行。

　10 有些任务可以用诸如 ACCESS 这样的数据库程序来完成,虽然这些程序
不特别满足社会网络分析的目的。重要的是要注意到,关系数据库并不像它表现
出的那样是一个关于关系数据的数据库。"关系的"一词是在两种不同的情况下
使用的。布伦特(Brent,1985)对数据库建构的一些原理给出了很好的论述。

11 UCINET 要求有描述数据格式的标题行。这个行在导出前要加在数据上方,以便给出数据的行数、列数以及数据类型等信息。

12 即使它在形状上是"正方形的",即行数和列数相等,但它在逻辑上却是长方形的。

13 当然,3-模或一般地讲 n-模数据也是存在的,这取决于存在的独立点集的数量。然而,现在还没有什么已经过检验的方法能处理这些复杂格式的数据。

14 实际上,发生阵是一个 1-列向量。

15 对于这一争论来说,直接在发生阵上进行操作的计算程序是个例外。有些计算程序分析矩阵的行,有些分析列,其他程序则同时分析矩阵的行和列。在这些情况下,有必要确保将适当的能动者集合作为分析的目标。如果某个特定的程序只分析列(通常确实如此),则需要将矩阵转置,以便分析在初始阵中被设计为"个案"的能动者。关于该命题(即在个案和隶属项之间的区分是任意的)的某些其他例外情况将在后续章节中得到说明。

16 这里提到的以及贯穿本书的"二进制"数据,都涉及数位(digits)的使用,用它来指代一个关系的有无。这里不涉及任何将关系强度表达为二值的意图。因此,一个值为 3 的关系(在 2 个个案之间有 3 个共同的隶属关系)用二值格式来表示就是"1"(关系是存在的),而不是二进制的数字 11。通常情况下,这不会引起任何混淆,所以我直接按照通常的惯例,只是谈及二值数据和多值数据之间的区别。

17 如果已经把复杂数据化简为简单数据,就可以返回到初始数据,将它们转变为一种不同形式的简单数据。然而,如果不参照取值或方向的信息,就不可能把初始无向数据转换为诸如多值或有向数据这样的形式,而这些信息在初始的无向数据中是没有编码的。

4

线、邻域和密度

前一章考察了如何用矩阵方式处理和管理关系数据。社会网络的许多基本特征都可以通过直接操作矩阵(如转置、加法和乘法等运算)来分析,这些运算都会产生网络结构方面的信息。然而,矩阵代数对于多数研究者来说是比较复杂的(不过可参见 Meek and Bradley, 1986 的简介)。一些专业的计算机程序已经使得网络分析变得更容易,尽管我们仍然可用矩阵来整理和存储关系数据。计算机程序往往利用数学语言直接实现社群图的思想。这就是所谓的图论研究理路,它为描述各种网络及其特征提供了一种形式语言。图论把矩阵数据转换成一些形式上的概念和定理,从而与社会网络的一些实质性特征直接相关。如果说社群图是一种表达关系矩阵数据的方法的话,那么图论语言就是另外一种更普遍的方法。尽管图论不是唯一一种用来对社会网络进行建模的数学理论,它却是社会网络分析的大多数最基本观念的切入点。

图论的一些概念是 UCINET 软件包中的主要程序的基础,尽管其中的数学已经尽可能远离使用者了。矩阵形式的数据可以被这些程序读取,相应的一些图论概念也可以得到探讨,而研究者却无需知道其中的理论或矩阵代数的具体机制是什么。尽管如此,如果对图论有所理解,研究者就会选择使用恰当的程序,这样会明显地提升研究者分析的精致性。

图论关注的是要素的集合及要素之间的关系,要素被称为"点",关系叫作"线"。[1]据此,一个描述群体成员之间关系的矩阵就可以转换成由线、点连成的一个图。因此,一个社群图就是一个"图"。必须明确的是,这种"图"与统计学以及其他定量数学分析中使用的变量"图"不同,这个观念很重要。这些常见的图被称为"变量图",例如,数轴上的频次数据表征的是变量图。图论中的图是"网络图",它表达了各点之间关系的定性模式。确实,在图论中,这些图形本身居于次要地位。如前所述,对于具有多个点的复杂的联系模式来说,很难画出一个清楚的、易懂的图形来。如果把图的一些性质用比较抽象的数学形式表达出来,就无需画图即可对非常大的图形进行操作。

无论如何,在图论中,画图具有极其重要的展示价值,本书也将使用这些图。由于小型的社群图具有简单可视性。因此,在继续介绍图论的一些基本概念之前,我将首先介绍画图的基本原则。

社群图和图论

画一个图表[2]的目的是用纸上的点来表征"发生矩阵"中的每一行或每一列,它们可能代表有待研究的个案或者隶属项。一旦导出了相应的邻接矩阵,其格值中的"1"和"0"就代表关系的存在与否,这可以用点与点之间是否存在线来表示。例如,在图3.6中,各个公司之间的4×4对称邻接矩阵可以用一个包含6条线的4点图来表示,这些线对应矩阵中的非0项。

在一个图中,重要的是关联的模式,而不是纸上点的实际位置。图论专家对两点在纸上的相对位置,连接两点的线的长短,表达点的字母的大小等不感兴趣。图论确实涉及长度和位置等概念,但是这些概念不对应于我们熟悉的空间长度和位置概念。在一个图中,全部线的长度一般都画成相等,不管这是否可能,但这完全是一种纯粹的审美约定,只是为了实践上的方便。实际上,如果希望把图画得更精确,那么这种约定并非总需要坚持。因此,不存在一种正确的画图方式。

例如,在图 4.1 中的各个图都同样有效地表达了同一个图——它们表达的图论信息是完全相同的。 64

因此,一些图论概念被用来描述点与点之间的关系模式。最简单的图论概念表达的是那些用来构造图的各个点和线的诸多性质,这些概念也是比较复杂的结构观念建构的基础。本章将述评这些基本概念,展示如何用它们概览网络的个体中心性质和整体性质。后续的章节将探讨更复杂的概念。

首先,有必要先考察在建构图的过程中使用的线的类型。线可以对应图 3.7 区分的任何一种关系数据:无向线、有向线、多值线或者有向多值线。图 4.1 中的全部图都由无向线组成。这些图都来源于一个对称数据矩阵,该矩阵只关注一种关系是否存在。如果一些关系是从一个人指向另一个人的,就用"方向图"(directed graph)来表示关系,有时简称为"有向图"(digraph)。一个有向图要用带箭头的线画出来,箭头的方向代表关系的方向。一条有向线有时候指的是一个"弧线"。图 4.2 即为一个简单的有向图。 65

	A	B	C	D	E	行总和
A	-	1	0	0	1	2
B	1	-	1	1	1	4
C	0	1	-	1	0	2
D	0	1	1	-	0	2
E	1	1	0	0	-	2
列总和	2	4	2	2	2	

(1)邻接矩阵

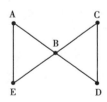 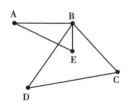 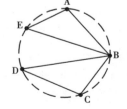

(2)各种表达同样信息的图

图 4.1 图的多种画法

	A	B	C	行总和
A	-	1	0	1
B	0	-	1	1
C	1	1	-	2
列总和	1	2	1	

图 4.2　有向图及其矩阵

　　另一方面,如果关系的"密度"重要并且可以用一个数值来表达的话,研究者就可以据此建构一个多值图(valued graph),把一定的数值赋予每一条线。我已经指出,一个有向图对应的矩阵通常是不对称的,因为关系通常不是对称的。同样,一个多值图的矩阵可能对称,也可能不对称,但是它包含的是数值而非简单的二值项。[3] 图 3.6 表达的就是一个多值图。一种最常用、最简单的测量关系密度的测度是一条线的"多重度"(multiplicity)。它无非是构成关系的独立的联络数。例如,如果两个公司共享 2 个董事,这两个公司之间的关系就用一条多重度为 2 的线来表达。如果两个公司共享 3 个董事,那么连锁的董事职位就可以看成是一条多重度为 3 的线。当然,一个图中的各个值都可以与其他任何恰当的密度测度(如关系的频次)有关联。

　　图论的基本观念最容易在简单无向的非多值图中得到理解。人们利用很多简单的词汇来直截了当地指称图论术语,如果细致地界定这些术语则显得有学究气。但是这些界定之事很重要,因为一些明显简单的词汇是以一些高度专业化的技术方式来使用的。如果要理解图论的强劲之处,就必须澄清这些词汇的含义,这一点很关键。

　　一般称由一条线连着的两个点是相互"邻接的"(adjacent)。图论中的邻接表达的是由两个点代表的两个行动者之间直接相关或相互联系这个事实。与某个特定点相邻的那些点称为该点的"邻域"(neighborhood),邻域中的总点数称为"度数"(degree)(严格地说应该是"关联度",degree of connection)。这样,一个点的度数就是对其"邻域"规模的一种数值测度。在一个邻接矩阵中,一个点的度数用该点所对应的行或者列的各项中非 0 值的总数来表示。如果数据为二值的,如图 4.1 所示,那么一个点的度数就是该点所在行的总和或者列的总和。[4] 由于一个图中的每条线都连着两个点——它"附属"于两个

66

点——所有点的度数总和因而一定是图中总线数的 2 倍。这是因为，在计算各个独立点的度数的时候，每条线都被计算了两次。这一点可以通过考察图 4.1 而得到确认。在该图中，点 B 的度数是 4，其他点的度数都是 2。因此，度数总和为 12，它等于线数（6）的 2 倍。在 PAJEK 软件中，沿着 NET > PARTITIONS > DEGREE 这个菜单选项，就可以计算出度数。

各个点可以通过一条线直接相连，也可以通过一系列线间接相连。在一个图中，这一系列线就叫作一条"线路"（walk）。如果线路中的每个点和每条线都各不相同，则称该线路为"途径"（path）。途径这个概念是继"点"和"线"之后的另一个最基本的图论术语。一个途径的长度（length）用构成该途径的线数来测量。例如，在图 4.1 中，点 A 和 D 不直接相连，而是通过途径 ABD 关联在一起，它的长度是 2。图论中的一个非常重要的概念是"距离"（distance），但是，"距离"和"途径"的概念都不同于它们在日常生活中的含义。笔者已经指出，一条途径的长度仅仅指它包含的线数，即从一个点走向另外一个点所必须经过的"步骤"数。而两点之间的距离指的是连接这两点的最短途径（即"捷径"，geodesic）的长度。

请看图 4.3。在这个简单图中，AD 是一条长度为 1 的途径（它是一条线），而 ABCD 是一条长度为 3 的途径。ABCDA 这个线路则不是一个途径，因为它通过点 A 两次。可以看出，有三条不同的途径把点 A 和 D 连在一起：长度为 1 的 AD，长度为 2 的 ACD，长度为 3 的 ABCD[5]。然而，A 和 D 的距离是二者之间的最短途径的长度，也就是 1。另外，B 和 D 的距离是 2。许多比较复杂的图论测度仅考虑到捷径（即最短途径），而其他测度则要考虑到图中的全部途径。

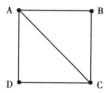

图 4.3　线和途径

　　同样,也可用这些概念来分析有向图,不过需要作必要的调整。在一个有向图中,线是指向或者来自不同点的,所以必须考察它的方向,这里就不会出现简单无向关系数据中的对称性。例如,A 选择 B 为友并不意味着 B 也选择 A 为友。因此,有向图中某点的"度数"包括两个不同的方面,分别为"点入度"(in-degree)和"点出度"(out-degree)。它们的定义要考虑到表达社会关系的线的方向。一个点的点入度指的是直接指向该点的点数总和;点出度指该点直接指向的其他点的总数。因此,一个点的点入度体现在有向图矩阵中该点对应的列总和上,点出度用行总和来表示。例如,在图 4.2 中,点 B 的列总和为 2,因为它"收到"了两条线(来自于 A 和 C)。其对应的社群图则清楚地显示出它的点入度为 2。另外,点 B 的行总和为 1,这反映了它仅"指向"一个点(即点 C)。

　　在一个有向图中,途径指的是箭头指向相同的一系列线。例如,在图 4.2 中,CAB 是一个途径,而 CBA 却不是:箭头方向的改变意味着 C 不可能通过 B"到达"A 点[6]。可见,有向图中的"关联"标准是相当严格的,因为研究者必须考虑到线的方向,而不能仅仅看线的有无。

68　　在一个有向图中,测量两点之间的距离必须根据在考虑到方向之后确定下来的途径。例如,当把能动者看成是网络中资源或者信息"流动"的"源头"或者"尽头"的时候,要分析网络图,就必须认真考虑到这种有方向的信息。

　　传播研究关注的核心是通过有向网络传递的信息。塔尔德(Tarde,1890)在其使用的拓扑学(topological)术语中探讨过这个问题,但是直到罗杰斯(Rogers,1964)和科尔曼(Coleman et al.,1966)的研究之后,才用真正的网络术语探讨该问题。这些研究展示了网络结构在形塑传递的流量和速度方面的重要效果以及距离对信息衰减的影响。

　　尽管如此,有时候线的方向可以被合法地忽略掉。如果仅关注一条线是否存在,认为其方向相对来说不重要,此时就可以放松通常的严格关联标准,只要在任何两点之间存在一系列线,不考虑其方向的话,就说二者之间存在关联。在这种分析中,我们说存在一条"半途径"(semi-path)而非途径。在图 4.2 中,CBA 就是一条半途径。因此,把有向数据看成无向,这意味着通常情况下针对无向数据的所有测度都可利用。

个体中心密度和社群中心密度

在图论中,一个得到最广泛应用的概念是"密度"(density)。这个概念描述了一个图中各个点之间的总体关联程度。在社会网络分析中,利用对称二值数据可以展示密度的应用,尽管前文讨论的多值和对称问题应铭记于心。一个"完备"(complete)图的含义是:所有点之间都相互邻接的图。这种完备性即使在小网络中也很少见,密度这个概念试图对线的总分布进行汇总,以便测量图在多大程度上具有这种完备性。各个点之间越联络,图的密度就越大。

如此看来,密度依赖于另外两个网络结构参数:图的内含度(inclusiveness)和图中各点的度数总和。图的内含度指的是图中各个关联部分包含的总点数。换句话说,一个图的内含度等于其总点数减去孤立点的个数。在比较不同图的时候,最常用的内含度测度是关联的点数与总点数之比。这样看来,对于一个拥有 5 个孤立点的 20 点图来说,其内含度就为 0.75。一个孤立点不附属于任何线,因此对图的密度没有贡献。所以,图的内含度越高,其密度就越大。然而,相互关联的点的关联度可能各不相同。有的点与较多的点相连,有的点则与较少的点相连。一个图中各点的度数越大,该图的密度就越大。为了测量密度,有必要用一个公式把上述两个参数合在一起。这就需要比较一下图中实际拥有的线数和如果这是一个完备图的话应该具有的总线数。

图中实际包含的线数直接反映了其内含度和各点度数。这在简单图中可以直接计算出来,而在复杂图中则必须通过邻接矩阵来计算。任何图中包含的线数都等于各点度数总和的一半。前文已经指出,图 4.1 中的行总和或者列总和的一半恰好是 6。在该图中最多可能出现的线数可以根据它所包含的点数轻易地计算出来。一个点可能与其他任何点(除了自身之外)相连,因此,一个拥有 n 个点的无向图中最多可能拥有 $n(n-1)/2$ 条不同的线。计算出来的 $n(n-1)$ 给出

相连的点数	4	4	4	3	2	0
内含度	1.0	1.0	1.0	0.7	0.5	0
度数总和	12	8	6	4	2	0
连线数	6	4	3	2	1	0
密　度	1.0	0.7	0.5	0.3	0.1	0

图 4.4　密度比较

的是图中点对的总数,但是连接这些点的总线数是该数目的一半,因为连接 A 和 B 的线与连接 B 和 A 的线是同一条。这样,有 3 个点的图最多有 3 条线相连;4 点图最多有 6 条线相连;5 点图最多有 10 条线相连,依此类推。可见,连线数增长的速度要比点数增长的速度快得多。实际上,对于计算大型网的各种测度来说,这是最大的一个难题。例如,一个包含 250 个点的图中最多可能包含 31 125 条线。

一个图的密度定义为图中实际拥有的连线数与最多可能拥有的线数之比,其表达式为

$$\frac{l}{n(n-1)/2}$$

其中 l 表示图中实际存在的线数。[7]该测度的取值范围为 $[0,1]$,完备图(complete graph)的密度为 1。图 4.4 展示了不同图的密度:每个图都包含 4 个点,因而最多可能拥有 6 条线。从图中可以看出密度是如何随着内含度和度数总和的改变而变化的。[8]

有向图密度的计算必然有所不同。有向数据的矩阵不对称,因为从 A 指向 B 的有向线未必牵涉从 B 指向 A 的回馈的线。因此,有向图最多可能包含的连线数恰恰等于它所包含的总点对数(number of pairs),即 $n(n-1)$,有向图密度的表达式因而是 $\frac{l}{n(n-1)}$。

巴恩斯(Barnes,1974)比较了社会网络分析的两类进路。一类是围绕某些特定的参考点而展开的社会网(如 Mitchell,1969),倡导的是"个体-中心"(ego-centric)网研究。从这种视角出发,对密度的分析

关注的是围绕着某些特定行动者的关系的密度。另一方面,巴恩斯也考察了"社会-中心"(socio-centric)网研究,它关注的是作为一个整体的网络中的关联模式,他认为这是对社会网络分析的另一种贡献。从这一视角出发,密度则不再是局部行动者的"个体网"密度,而是整个网络的密度。巴恩斯认为,社会中心网十分重要,因为一个网络对其成员的约束力不只是通过与该成员直接相连而起作用,也通过间接联系的串联(concatenation)而起作用。这种约束力是通过关系的构型发挥其作用的,该构型拥有独立于特定行动者的性质,应该是关注的核心。

在个体中心网进路中,一个重要的问题是:用什么标准测量密度。在计算个体中心网络密度的时候,通常不考虑核心成员及其直接接触者,而只关注在这些接触者之间存在的各种联系(links)。图 4.5 表示了这么做的结果。社群图(1)表示围绕一个"自我"的一个 5 人网络。 71 该网络表达了该中心者的各种直接联络人以及在联络人之间的各种关系。该图共有 6 条线,其密度为 0.6。

但是这个相对较高的密度主要是因为有 4 条线把自我与 A、B、C、D 连在一起。而这些关系几乎要靠界定才能存在。例如,如果这些数据是通过问卷得到的,即请回答者说出他最要好的 4 个朋友的名字,那么这种高密度将是因为提问而人为地带来的。回答者与 4 位被提名者的关系将掩盖这些被提名者之间的关系信息,因此这些关系在计算密度的时候通常不予考虑。关于社群图(1)的一个显著事实是:相对来说,在自我所接触的各个成员之间的联系很少。在社群图(2)中,与自我直接相连的关系用虚线表示,在 B、C、D 之间存在两个关系(用实线表示),这 4 人网的密度是 0.33。正是由于这个原因,许多分析者

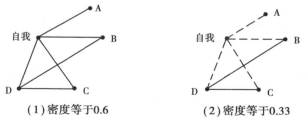

(1)密度等于0.6   (2)密度等于0.33

图 4.5　个体中心网络的密度测量

认为它才是对个体网密度的一个较有用的测量。[9]然而,这两个测度都可用,他们表达的是个体中心网的不同特征。

多值图的密度也可以测量,尽管学者们就如何测量很少达成共识。当然,最简单的做法就是忽略连线上的数值,把多值图看成简单无向图或有向图来处理。这么做会损失大量的信息。例如,可能有理由认为,多重度高的线要比多重度低的线对于网络密度的贡献大。这意味着,在一个多值图中,线数应该根据其多重度来加权:一条多重度为 3 的线可以相当于 3 条线。这样,这种简单的乘法就给出了一个图中实际线数的加权总数。但对于多值图来说,密度公式的分母不容易计算。我们知道,分母指的是一个图最多可能含有的连线数。这个值的确定需要假定所研究的网络的多重度最大可能是多少。如果假定最大的多重度为 4,那么加权后的最大连线条数等于与之类似的无多值图中线数的 4 倍。但是,研究者如何估计某种特定关系的最大多重度呢? 这不是显而易见之事。一个方案是找出在网络中实际存在的最高多重度,并用它作为权重(Barnes,1969)。然而,没有任何原因可以说明,为什么实际发现的多重度就应该对应着理论上最大的可能值。事实上,只有当研究者拥有关于所研究的关系之本质的独立信息的时候,多重度的最大值才能被估计出来。例如,在公司董事例子中,平均的董事会规模和董事职位的数目可以作为权数。如果董事会规模平均是 5,并且假设任何人拥有的职位都不多于 2 个,那么一个完备图中的平均多重度就是 5 。

例如,就前一章的图 3.6 中的公司社群图例子而言,在此基础上测量的连线加权总数将是 6 的 5 倍,即 30。而该图中实际的连线加权的总数(即把所有线的值加在一起)是 12,因此,以多重度为基础计算出来的密度就是 12/30,即 0.4。相比之下,如果不把数据看成是多值的,计算出来的密度就是 1。然而必须记住的是,以多重度为基础计算的密度要有一个基础,即对一个人可以假定拥有的最多职位数进行论证。例如,如果假定一个人最多可以拥有 3 个职位,那么该公司社群图的密度将从 0.4 降为 0.2。如果数值不指代多重度,那么在处理多值数据时遇到的问题可能更加复杂。对于其他紧密度测度来说,不存在明显的对线进行加权的方式。

因此,多值图的密度测量相对于研究者对数据所作的假定来说是高度敏感的。然而,用这种方法计算出来的密度与非多值数据的密度测度完全不可比。所以,研究者不能因为在标准的程序中有某种测度就简单地应用它,这一点很重要。研究者必须始终明确在任何特定的程序中包含哪些假定,并且必须把这些假定与计算得到的密度值一起汇报出来。

还有一个影响到所有的密度测量的更加基本的问题必须要考虑 73
到,那就是密度对于图的规模的依赖性问题,它使得不同规模网络的密度难于比较(参见 Niemeijer,1973;Friedkin,1981;Snijders,1981)。我们知道,密度随着图中包含的线数的变化而变化,实际线数可以与完备图中的线数作比较。我们有充分的理由相信,任何实际图的最大连线数要少于理论上的最多连线数。如果每个行动者能够维持的关系数有一个上限,那么整个图的总线数就由行动者个数加以限定。对总线数的这种限定意味着,在其他因素保持不变的情况下,大图的密度要比小图的密度小,这一点尤其与能动者可以掌控的时间限制有关。梅休和莱文杰(Mayhew and Levinger,1976)认为,人们投入到建立并维持某些关系的时间是有限的。因此分配到某个特定关系维持的时间就更有限,并且随着接触人数的增加而减少。因此,当回报减少并且代价太大时,行动者就会决定停止建立新的关系,不投入新的时间。这样看来,他们保持接触的人数将随着网络规模的增加而减少。时间上的限制会对接触者的数量因而也对网络密度产生限制。梅尤和莱文杰利用随机选择模型指出,在实际的网络图中能够发现的最大密度值是 0.5。[10]

行动者维持关系的能力也受到特定关系类型的限制。例如,"爱"的关系一般要求比"认识"关系有更多的情感投入,人们当然也意识到自己认识的人比自己爱的人多。这意味着,在同等情况下,"爱"的关系网要比任何"认识"关系网有较低的密度。

第3章已经指出,密度是可以根据样本资料加以合理估计的网络测度之一。本章已经对密度的测量进行了充分的讨论,现在可以更进一步地考察上述观点。对来自大样本资料的网络密度进行测量的最简单、最直接的方法是根据样本所包含的个案的平均度数来估计它。对于一个规模足够大、有代表性的样本来说,对平均度数的测量就像从样本资料中引申出来的任何总体属性测度一样是可信的,尽管我在前一章已经指出了为什么样本资料不能反映关系的全部范围。如果认为估计值的确是可靠的,就可以用它来计算网络中的线数。"度数和"(degree sum)——图中所有点的度数总和——等于估计出来的平均度数乘以总个案数。一旦计算出这个总数,线数就是此值的一半,因而容易计算。由于可能存在的最多线数总可以直接根据总点数计算出来(对于无向图来说,它总等于 $n(n-1)/2$),所以图的密度可估计为:

$$\frac{(n \times 平均度数)/2}{n(n-1)/2},$$

进而可简化为 $\dfrac{n \times 平均度数}{n(n-1)}$。

格兰诺维特(Granovetter, 1976)更进一步地试图给出另外一种估计密度的方法,当研究者对平均度数的初始估计值的信度没有把握的时候,可用此方法进行估计。在很多情况下这种估计值具有较高的信度。例如,就公司连锁数据而言,获得的公司信息名录可使研究者获得关于样本公司与总体中的所有公司之间的全部关系信息,当然这要受到各个名录的精确性的限制。在这种情况下,对平均度数的估计就是可信的。另一方面,在研究熟人关系的时候,这种可信性通常较低,特别是当总体非常大的时候,可信性更有问题。格拉诺维特的解决方案是放弃单个的大样本,而选择一系列小样本,在每一个子样本中,可以考察各个熟识关系图(随机子图)的密度。格氏指出,各个随机子图的密度的平均值就是对总体网络密度的一个可信的估计。格拉诺维特利用标准统计理论表明,对于一个包含 100 000 人的总体来说,利用容量在 100 和 200 之间的很多样本就可以对总体进行可信的估计。如果样本量为 100,需要 5 个这样的样本;如果容量为 200,2 个这样的样本就足够了。[11] 这些观点在田野研究中又得到了进一步探讨,从而确证了这种一般性策略(Erickson et al., 1981;Erickson and Nosanchuck, 1983)。

这样看来,无论对于无向图还是有向图来说,密度都是一个易于计算的测度,它既可用于个体中心网,也可用于社会中心网,并且可以从样本数据中被可信地估算出来。在 PAJEK 中,沿着 INFO > NETWORKS > GENERAL 菜单,在 UCINET 中,沿着 NETWORK > COHESION > DENSITY 菜单都可计算出密度。

毫不奇怪,密度已经成为社会网络分析中最常用的一种测度。然而,我倒希望对它的应用进行限制。对于多值数据来说,它就是一个有争议的测度,它因关系类型、图的规模的不同而有别,因此,不能用它来比较规模差距显著的网络。尽管有这些局限性,对密度的测量仍将在社会网络分析中占据重要地位。如果把它与诸如内含度、网络规模等测度一起汇报出来,那么密度这个概念仍将在社会网络的比较研究中扮演重要角色。

75

关于绝对密度的题外话

现有的各种密度测度的一个关键问题是密度与规模相关,这使得很难比较规模差异大的图。由此引出一个问题,即我们是否有可能设计一个可用于比较研究的绝对的密度测度。然而这不是我讨论的核心问题,如果我们希望直接展示图论如何应用于社会研究,如下面的部分将介绍的那样,那么这个问题是可以忽略的。某些读者可以略过本部分,在阅读第 5 章后返回。

在物理学中,测量固体物质的密度需要有诸如"半径""直径""圆周"等概念。圆形物体或者球形物体的半径指的是中心到边界的距离,在此基础上可以发现其最远的可达点。绝对中心点这个概念将在下一章得到讨论,但是现在可以取其常识性的意义:绝对中心就是处于图的中间的点。将它转换为图论的术语,图的绝对中心的离心度可以看成是图的"半径"(radius)。图 4.6 的某些特征就展示了这一点,下一章将正式考察其细节。图的"直径"定义为图中任何一对点之间的最大距离。例如,图 4.6 中(4)的半径为 1.5,直径为 3。在这种情况下,直径是半径的 2 倍。这与传统几何学中圆或者球的情况是一致

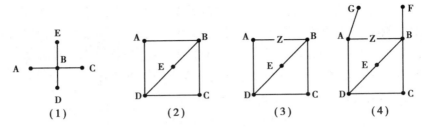

图 4.6　图的绝对中心

的。但是,对于所有图来说,这种情况未必都真。

在几何学中,物体的面积和体积之间存在明确的关系,这些关系可以推广到三维以上的物体。一个圆的面积是 πr^2,球的体积是 $4\pi r^3/3$,π 是圆周率。因此,圆面积的一般表达式为 cr^2/d,球体积的一般公式是 $4cr^3/3d$,其中 c 是圆的周长,r 是半径,d 是直径。把该公式应用到图 4.6 中的简单社群图(4)中可以得到,它的体积为 $4c(1.5)^3/9$ 或者 $1.5c$。[12]但是在此公式中 c 取什么值? 如果把图的直径看成是两个最远点之间的捷径(即最长的测地线)的长度,那么周长自然应被看成是图的最长途径(path)。在社群图(4)中,直径就是连接点 G 和 F 的长度为 5 的途径。此时,该例子中图的"体积"为 7.5。

因此,相对简单的几何学促使我们转向对三维图的绝对中心度进行
76 测量。在物理学中,密度被定义为单位体积中物质的质量,因此需要对图的"质量"进行测量。在物理学中,质量就是一个物体所包含的物质的数量,因此,最直接的图论意义上的"质量"概念就是图包含的线数。在社群图(4)中有 8 条线,所以其绝对密度就是 8/7.5 ,或者 1.06。

77 推而广之,我们可以给出测量一个图的绝对密度的公式:$l/(4cr^3/3d)$,这里的 l 是线数。与前一章讨论的相对密度测度不同,这个公式给出的是绝对值,因此可用于对任何规模的图进行比较,不考虑其密度。但是这里也必须加入一个重要的保留意见,即绝对密度的值依赖于测量时涉及的维度数。上述测量是在三维图上进行的。这个概念可以推广到更高维度上,这要利用"超体积"(hyper-volumes)公式,但是这种研究要求在如何决定一个图的维数上达成共识。第 9 章将在参考弗里曼(Freeman,1983)的论证的基础上,再分析该问题。[13]

社区结构和密度

下面用有关社区关系的一些具体的研究来展示密度分析的优势及应用。作为哈里森·怀特(Harrison White)领导的哈佛网络分析小组最早的成员之一,巴里·韦尔曼(Wellman, 1979, 1982)对社区结构进行过大量的研究,密度一词在其中扮演重要角色。他首先分析了早已有之的社区研究传统,在该传统中,"社区"研究者一般关注并探讨的问题是,与小规模的乡村有关的社区团结是否能够抵抗来自工业化和城市化的各种现代化力量。韦尔曼希望用社会网络分析,探讨现代社会的发展是否导致社区的消失和城市反常的出现。一些社区研究的批评者曾经指出,所有类型的社会关系都已经从特殊的领域脱离出来,各种关系越来越具有国家或者国际的性质(参见 Bulmer, 1985 的讨论)。韦尔曼早期对多伦多的某个城市地区——东约克——的研究试图探讨这个问题,并且与费希尔(Fisher, 1977, 1982)一样,韦尔曼也用个体中心网络探讨一个问题,即"个人社区"是否已经超出当地的邻里界限之外。

东约克是一个城中村郊,其住房多为私产和公寓单元。在开展研究的 1968 年之时,它的居民主要有熟练的劳动工人和坐班的白领工人。在韦尔曼的田野研究中,对由 845 个成年人构成的一个随机样本进行了访谈,在访谈中有一个主要问题是请被访者说出与其联系最紧密的 6 个人的名字。然后请他们说出这些被提名者之间的关系是否紧密(参见 McCallister and Fischer, 1978)。对这些问题的回答可用来建构每位被访者的亲密关系的个体中心网,至少这是被访者自己理解的网络。通过询问每位被访者提名的各个人之间的关系,韦尔曼就能够测量每个个体网的密度。对密度的计算遵循的是前文给出的策略,即要忽略被访者和紧密联络者之间的关系。也就是说,数据是根据"自我"及其 6 个亲密关系收集到的,但是密度的测量却只根据 6 个被提名者之间的关系。

　　韦尔曼发现,许多亲密接触者(大约一半)是被访者的亲属,但是,亲属关系和非亲属关系在各个地区都广泛存在。大多数关系都是东约克人与城里人之间的联系,尽管其中只有极少的关系是东约克人的近在咫尺的关系。在被提名的全部的紧密关系中,有 1/4 的人住在城外,有的甚至在国外。在总结了个体社会网的宽泛范围之后,韦尔曼转而比较这些网络的密度。这些回答者的个体中心网的平均密度为 0.33,[14]仅有 1/5 的网络的密度超过 0.5(Wellman,1979:1215)。密度为 0.33 意味着,在紧密接触者之间可能存在的 15 个联络中,实际仅存在 5 个联络。[15]韦尔曼发现,密度最大的网络主要由亲属构成,这是因为存在如下事实,即只有被访者的亲属才更易于相互接触。在不包含亲属关系的网络中,此类接触一般也不易保持。

　　韦尔曼关于个体网的主要发现可以归结为图 4.7。他对上述数据的解释是,人们参与的网络多数是"稀疏连接"的。也就是说,这些网络的密度低。"社区"关系既不是团结性的也不是地方化的(localized)。人们都有一些可以求助的他人,但是个体网的低密度以及互惠关系的缺乏表明这种求助是有限的。尽管如此,这些个体网无论在日常生活中,还是在紧急情况下都是获得帮助和支持的重要来源。"东约克人总可以获得至少一个亲友的帮助,但是不能指望得到大多数亲友的帮助"(Wellman,1979:1217)。那些不太给予帮助和支持的亲密者的重要性表现在交际方面。帮助者常常是亲属,而在社交方面最重要的人物常常是同乡或者同事。

密　度	此类网络所占比例	网络成员为亲属者所占的比例
0.00~0.25	47.1	36.4
0.26~0.50	31.7	56.9
0.51~0.75	7.9	56.9
0.76~1.00	13.3	73.7
	100(n=824)	

图 4.7　多个个体网的密度

　　为了探讨深层次的问题，韦尔曼等人在 1977 年到 1978 年间对最初的 34 个回答者进行了深入访谈式的跟踪研究。其目的是为前期研究中的结构资料提供"定性"方面的背景资料。尽管该阶段的研究得到的具体结论超出了本章的关注点，但是其关注的某些方向可以简要提及。韦尔曼发现，家庭的人际关系网因性别分工和家庭成员参与带薪工作的不同而有所区别。例如，他发现，在那些女性挣钱的家庭和女性只做家务的家庭之间有很大差别。一个家庭的社会关系及其获得亲属、朋友、邻里以及同事的帮助主要是通过女人而不是通过男人来实现的。在女人完全从事家务的家庭里更是如此。而对于那些女性既持家又挣钱的家庭来说，其社会关系网络的密度很低，因此他们获得的帮助就较少（Wellman，1985）。[16]

　　韦尔曼是用调查法得到关系数据的，同样的方法和测度也可以利用其他形式的关系数据。例如，史密斯（Smith，1979）利用来自于文献分析的历史数据研究了 13 世纪英国一个农村的社区模式。史密斯的数据来源于萨福克（Suffolk）[①]的雷德格里夫（Redgrave）庄园，是一些关于村民之间的土地占用、财产交易、资金争执的模式的数据。他共考察了在 1259 年到 1293 年间的 575 个人之间的 13 592 种关系。他最初分析了不同的关系形式及其频次等，表明大约 2/3 的关系是"承诺"（pledging）关系。这些关系涉及债务偿还和其他资金安排，其中一个人要给予某种特定的法律承诺以便支持另外一个人。

　　史密斯关注的问题是，在组建这些关系并构造这些社区关系的时候，亲属关系和其他地方性的（local）关系扮演何种角色。[17]霍曼斯（Homans，1941）曾经对社区团结进行过类似的历史研究，但是他没有用任何社会网络概念。相比之下，史密斯用个体网作为他的主要概念。他根据土地拥有量的多少，把 1289 年莱德格里夫地区的 425 个地主分为 4 类，然后，从每一类中抽出规模相等的随机样本。这一过程产生了 112 个个案，把他们在 1283 年到 1292 年这 10 年间与所有其他人的关系从总数据库中抽取出来。再根据他们的社会基础和地理

80

────────────

① 英国英格兰东部的一个郡。——译者注

分布,分析这 112 个人的个体网(仅考虑距离为 1 的关系)。每个个体网密度的分布与占地量是曲线关系。对于那些土地占有量不多于 4 英亩的人来说,密度随着土地的增加而逐渐增长,而拥有 4 英亩土地以上的人的网络密度却随着土地的增加而减少。因此,有 3 英亩或 4 英亩土地之人的网络密度最大,其密度的中位值介于 0.2 和 0.4 之间。他们同时也最能参与到多重关系之中。因此,最能够整合到乡村社区中的人恰恰是处于中间层次的地主。鉴于前文讨论的网络规模与密度之间的关系,史密斯发现一个令人感兴趣的结果,即这两个测度之间的关系系数仅仅为 0.012。因此,他得出结论:观察到的网络密度的变异不仅仅是网络规模的一个建构物,也的确反映了各种人际关系在性质上的差异。

在考察了全部网络资料之后,史密斯放弃了下述观念:莱德格里夫是一个紧密联络的有机社区,是围绕亲属和邻里而组织起来的。中世纪乡村的网络结构,至少就莱德格里夫地区而言,要比这种图景松散得多。远距离的亲属并不是社会支持的重要来源:

"那些经常与邻居交往的人也常常与亲属互动,尽管亲属在大多数情况下都远居。然而,如下亲属都有亲近的倾向:兄弟姐妹、叔伯大爷、侄子(女)外甥(女)、父母儿女"(Smith,1979:244)。

韦尔曼认识到,他研究的东约克人的个体中心网是通过重叠的关系与多重关系链条联系在一起的。他指出,"许多网络"与"流落到更大的都市网络"中的个体网"串联"在一起(Wellman,1979:1227)。然而,他没有直接研究东约克人的社会中心网的这些整体性质。至于此类"串联"可能采取哪些线路,则是格里科(Grieco,1987)在扩展怀特(White,1970)和格兰诺维特(Granovetter,1974)的研究中提供的内容。格里科的研究关注的是职业机会信息的发送和收取。她的研究表明,某些特定的个体向他们的网络接触者提供的帮助可以改变网络的整体结构。如果信息是间接获取的,即信息来源于距离不小于 2 的联络人,就会带来一种直接关联的趋势,即在信息的发出者和接受者之间趋于建立一种新的直接关系(Grieco,1987:108 页及以后),尽管这是弱关系。因此,网络的总密度会提高,其中的某些联络还会通过团结感和义务感而得到巩固和加强。这样看来,密度的初始增长趋势还将保持下去。当网络中的其他人获得了回报他人之助的能力的时候,他们将反过来建立新的直接关系,从而会进一步改变网络的密度。按照这种方式,个体中心网中的多个成员在个人层次的改变导致了网络密度的持续转变,进而带来该网络的其他社会中心的、总体特征的转变。

韦尔曼和其他学者近期探讨了通信技术的发展带来的网络关系的变迁。个人社群的联系越来越在地理范围上扩展,人们更容易通过汽车、飞机、电话等进行沟通,但是,通过互联网和手机进行沟通可能最有广泛的意义。通过电子邮件、Skype 和各种短信服务的沟通可以是低成本的或免费的,这使得人们之间的沟通得以在时空中延伸,使人们可以在广延的距离上即时联络。与某些公认的评论不同的是,使用计算机并没有导致孤独、离群和孤立的个人,而是使得人们整合到在线的交流,人们或多或少与地方化的地理社群联系在一起。的确,研究发现,朋友数量的增加与参与互联网活动的数量直接有关:人们通过网络结交了更多的朋友(Wellman et al., 2006;Wang and Wellman,2010)。

在赛博空间中,诸如脸书(*Facebook*)、推特(*Twitter*)这样的网站已经成为人际交流网络的中心节点。人们可以交流、参与到更大的群体之中,可以模拟面对面的互动,但是这个过程给沟通带来许多微妙和复杂的变化。个人可能由于缺乏面对面的暗示而利用化名,并建构误导人的身份,这要比其他形式的互动有更多虚构的自我展示成分。然而,社会学家可以轻而易举地研究这些新的交流,利用数据挖掘技术可以精确无误地追溯和映射网络交流留下的数字踪迹(Gruzd and Haythornthwaite,2011)。社会学家才刚刚开始建立这些 82 网络交流的模型,绘制可能出现的团结和凝聚模式图。

注释

　1 点有时候指"顶点"或"节点",线被称作"边"或"弧"。使用这些替换性的词没有什么实质性好处,因此我坚持最简单的用法。

　2 "图表"(graph diagram)是用来界定网络的一个一般性的术语。与诸如前文画出的电线网相反,"社群图"(sociogram)这个术语专用于表示一个社会网络的图表。由于本书关注图论的社会学应用,我有时会交替使用这两个术语。

3 有时候一个多值图被称为"网络",这非常容易引起误解。应该避免这个术语学问题,因为所有图都应该被视为网络模型。如在第2章中讨论的平衡论一样,有些作者区分出"符号图",其中的关系具有正向和负向特征。尽管如此,将符号图视为一种多值图似乎更合适,只不过这种多值图中的关系有正向和负向二值之分。从另一方面讲,也可以将它看作是由两个简单图组成的一个复合图,其中一个图由正值组成,另一个图由负值组成。

4 对于方阵中的一个特定点来说,其行总和与列总和是相等的。如果已知矩阵下半部分的值,那么除非把其余值包含进去,否则不能计算出行总和与列总和。那些接受矩阵下半部分之值作为数据的社会网络分析程序会自动对其进行调节。

5 老师经常告诫我们说,所有的测量都必须有一个属于它们的单位。在图论中,"线"通常就是这样的单位。也就是说,我们可以称两点之间的距离是"三条线"。然而,这个单位在图论的陈述中通常不是给定的。

6 然而需要注意,点 C 和 A 是由一条线直接连接的。

7 如果完成相关的公式,实际的线数等于总度数的一半,因此密度也可以表达为 $\sum d_i / n(n-1)$,其中 d_i 是点 i 的度数值。

8 内含度(即实际相连的点数与总点数之比)有时可以更有意义地表达为百分比,但在数字较小时并不适合。

9 参见夏基(Sharkey,1989,1990)、蒂姆斯(Timms,1990)、诺克和扬(Knoke and Yang,2008)关于这一问题的讨论。

10 关于规模的重要性,布劳(Blau,1997a,b)、赖蒂纳(Rytina,1982)以及赖蒂纳和摩根(Rytina and Morgan,1982)的著述中有更一般的论证。

11 摩根和赖蒂纳(Morgan and Rytinä,1977)概述了这种研究路数中存在的问题和局限性。格兰诺维特(Granovetter,1977)作了回答。

12 在二维平面中,其面积为 $c(1.5)^2/3$,即等于 $0.75c$。

13 圆周与直径之比为常数 π。对于一个图来说,根据前文对这些观念的界定,其圆周与直径之比并不是常数,我掩盖了在测量图体积时的单位问题。由于图中所有的距离都用"线"来测量,线应该是测量的基础。因此,体积可以用"线的立方"(cubic lines)来测量。

14 韦尔曼以百分比的形式给出了计算结果,我在本章中将这些结果转换为本章前文定义的基点。

15 韦尔曼假设所有关系都是对称的:如果回答者说好友 A 与好友 B 关系亲密,也就假设了好友 B 与好友 A 关系亲密。注意这种分析只处理回答者自己意想的关系,未必是密友之间的真实关系。因此,研究工作与最早有关平衡理论的现象学假设是直接相符的。

16 英国的一位学者沃尔伯纳(Werbner,1990)利用亲属网络来研究支持中的互惠性。

17 有关社会网络分析技术在亲属关系和社群中的应用,参见D. 怀特(White,2011)的概述。

5

中心度、边缘性和中心势

如何测量个人或者组织在其社会网络中的中心度,这是社会网络分析者最早探讨的想法之一。这个想法最初体现在社会计量学的"明星"(star)概念中,所谓明星指的是那个在其群体中最受欢迎,或者最受关注的中心人物。贝弗拉斯(Bavelas,1950)最先探究了中心度的形式特征,在他的开创性研究之后又出现了大量的相互竞争的中心度概念。各种中心度测度广泛出现,结果是在此领域造成了大量的混乱。如果考察一个图中各个点的相对中心度,就能够把各种路数的研究统一起来。这就是所谓的"度数中心度"(point centrality)问题。但是在这个共同的关注点中也有截然不同的分化。本章将回顾各种度数中心度测度,尤其关注"整体"中心度和"局部"中心度之间的重要区分。说一个点是局部中心点,这指的是该点在其紧邻的环境中与很多点有关联。例如,如果某点有许多直接相关的"邻点",便说该点是局部中心点。同理,如果一个点在网络的总体结构上占据着战略位置,则称该点是整体中心点。局部中心度关注某点对其邻点而言的相对重要性,而整体中心度关注某点在整个网络中的突出性。

与点的中心度测度相关的另一个概念是一个图的"中心势"(centralization),这两个观念曾经被用一个词描述,因而造成了一定的混乱。例如,弗里曼(Freeman,1979)的名篇既谈到了"度数中心度"(point centrality),又谈到了"图的中心度"(graph centrality)。如果把

"中心度"这一术语限定为点的中心度,而"中心势"特指作为一个整体的图的一种特定的性质,那么,很可能避免曾经出现的混淆。例如,中心势指的不是点的相对重要性,而是整个图的总体凝聚力或整合度。例如,图可能或多或少地集中在某些点或点集。人们给出过各种程序来测量中心势指数,这种现象增加了该领域的混淆程度。在"中心势"这个观念背后隐含着图的结构"中心",它是中心化的图所围绕的一个点或者点集合。相对来讲,很少有人试图界定一个图的结构中心思想,下面有必要考虑这一点。

局部中心度和整体中心度

笔者已经指出,点的中心度概念来自社会计量学的"明星"概念。一个核心点是指那种处在一系列联系的"核心"位置的点,该点与其他点有许多直接的联系。因此,图中各点的度数就是对该点的中心度的最简单、最直接的测量。一个点的度数就是与该点直接相连的其他点的个数。因此,如果某点的度数高,该点就居于中心,在"紧密联络"或者"万物丛中"的意义上,该点对应的行动者就是中心人物。因此,这种以度数为基础对点中心数的测量对应于如下直观观念:一个点与其局部环境联络的程度怎样。由于这种测量仅关注与该点直接相连的点数,忽略间接相连的点,测量得到的度数因而可视为"局部中心度"(local centrality)。对此概念进行系统阐释的是尼米南(Nieminen,1974)。针对有向图中的点也可以计算其以度数为基础的局部中心度,不过在这种情况下每个点都有两个局部中心度测量,一个对应的是点入度(indegree),另一个对应的是点出度(outdegree)。因此,在有向图中有必要区分各个点的入中心度(in-centrality)和出中心度(out-centrality)(Knoke and Burt,1983)。

基于度数的点的中心度测度也可以超越直接联系,扩展到长度不同的各种途径。在此情况下,"邻域"的含义就扩大了,就会包含与远距离点的关系。这样,对一个点的局部中心度的估算既可以考虑直接关系(距离为1),又可以考虑距离为2的关系,或者考虑所选择的某

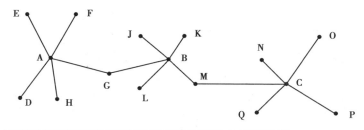

	A、C	B	M、G	J, K, L	所有其他点
绝对局部中心度	5	5	2	1	1
相对局部中心度	0.33	0.33	0.13	0.07	0.07
整体中心度	43	33	37	48	57

图 5.1　局部中心度和整体中心度

种临界途径距离的关系。如果利用距离大于 2 的点测量一个点的度数中心度,存在的一个主要问题是,即使在一个密度适中的图中,大多数点都倾向于通过途径距离相对较短的一些间接关系联络在一起。这样看来,如果大多数点与其他点之间的距离都是 4 的话,那么对各个距离为 4 的各个局部中心度指数进行比较就不会提供更多的信息。

84　显然,选择利用哪个临界点,这完全取决于研究者的非正式判断,但是在大多数研究中,距离为 1 和 2 所提供的信息都最多。

　　局部中心度的测量不牵涉整个网络是否存在单独的"核心"点,认识到这一点很重要。例如,在图 5.1 中,点 A、B、C 都可以看成是局部中心点,因为它们的度数都是 5,其他点的度数则是 1 或者 2。即使点 A 比 B 和 C 拥有更多的直接关系,它也不"居于"整个网络的中心,因为它在位置上处于由多个点构成的长链的"一侧",其中心度完全是一种"局部的"现象。因此,度数是对局部中心度的测量,对一个图中各点的度数的比较可以表明各个点在多大程度上与其局部环境中的其他点联络在一起。

　　然而,这种对局部中心度的测量有一个重要局限性,即中心度数仅仅在同一个图的成员之间或者在同等规模的图之间进行比较才有意义。除了其他因素之外,一个点的度数依赖于图的规模,因此,当图的规模有显著差异的时候,不同点的局部中心度是不可比较的。如此看来,使用初始的度数值可能引起误导。例如,在一个有 100 个点的图中,度数为 25 的核心点就不如一个有 30 个点的图中度数为 25 的点那样居于核心地位,而这两点都不能轻易地与 10 点图中度数为 6 的中心点作比较。为了克服这个问题,弗里曼(Freeman,1979)提出了一种局部中心度的**相对**测度,它表示点的实际度数与最多可能联络的度数之比。因此,一个有 100 个点的图中,度数为 25 的核心点的相对中心度就是 0.25,一个有 30 个点的图中度数为 25 的点的相对中心度就是 0.86,在 10 点图中度数为 6 的点的相对中心度就是 0.66。[1]图 5.1 也表明,相对中心度也用于比较同一网络中的各个点。这种观念也能推广到有向图中。因此,相对测度就是测量局部中心度的一个更标准化的量。

在比较初始的度数中心度时存在的问题与前一章讨论的比较不同图的密度时出现的问题息息相关。这两个测度都与图的规模有关。然而,前文已经指出,网络密度水平还依赖于所分析的关系类型。例如,"熟人"关系网的密度一般比"喜爱"关系网的密度大。由于密度和度数中心度都要根据度数来计算,因此,针对点的中心度测度也要进行同样的思考。例如,如果其他情况保持不变,那么一种"爱"的关系网中的中心度要比熟人关系网的中心度低一些。对相对度数中心度的测量无助于解决此问题。即使利用相对性术语计算出了局部中心度指数,它们还是只能用于同类关系网的比较。

然而,局部中心度仅仅是对点的中心度的一类测量罢了。弗里曼(Freeman,1979,1980)又根据各个点之间的"接近性"(closeness)提出了另一类测度,即"整体中心度"(global centrality)。不管利用多长的途径距离来测量,"局部中心度"测度都要表达为与某一点直接相联的其他点的数目或比值。弗里曼对"整体中心度"的测量根据的是不同点之间的"**距离**"。前文已指出,两个点是由一条包含不同线的途径(path)连在一起的,途径的长度用其线数来测量。在图论中,两点之间的距离用这两点之间最短途径的长度来测量。在地球表面,两点之间的最短距离位于连接两点的测地线(geodesic)上。因此,相比之下,在一个图中任何两点之间的最短距离也称为测地线或"捷径"。如果一个点与其他许多点的距离都很短,则称该点是整体中心点。在图中,这样的点与图中许多其他点都"接近"。

对接近性的最简单的测量可能是计算"距离和",即图中该点与其他各个点之间的捷径距离之和(Sabidussi,1966)。如果计算了一个无向图中各个点之间的距离矩阵,那么一个点的"距离和"便是该点所在的"行总和"或者"列总和"(二者相等)。一个"距离和"比较小的点与其他许多点都"接近",因此,接近性与距离和是反向的。当然,在一个有向图中,途径的测量必须考虑到具有相同方向的各条线,因此,根据"行总和"与"列总和"计算出来的"接近性"将有所不同。这样,一个有向图的整体中心度便可以根据所谓的"入接近性"(in-closeness)和"出接近度"(out-closeness)来计算。

图 5.1 比较了整体中心度的"距离和"测度和各种基于度数的绝对局部中心度和相对局部中心度测度。由表可见,A、B、C 的局部中心度相同,但是点 B 比 A 或 C 更居于整体的中心。G 和 M 的整体中心度比 B 的小,但是比局部中心度较高的 A 和 C 的整体中心度都大。因此,在"距离和"基础上得到的这些差异也进一步确证了从对图的视觉考察中得到的印象。在测量中心度较低的点的时候,这一点也明显可见。其他点的度数都是 1,表明具有低局部中心度,然而"距离和"测量清楚地表达了如下事实:J、K、L 的整体中心度要比其他度数为 1 的点的整体中心度高。

弗里曼(Freeman,1979)又增加了一个新的点中心度概念,他称之为"中间度"(betweenness)。该概念测量的是一个点在多大程度上位于图中其他点"中间":一个度数相对较低的点可能起到重要的"中介"作用,因而处于网络的中心。例如在图 5.1 中,点 G 和 M 处于大量"点对"中间。一个点的中间度测量了行动者在多大程度上成为"掮客"或者"中间人",即在多大程度上控制他人。[2] 因此,可以把 G 看成是在以 B 为中心的各个行动者和以 A 为中心的各个行动者之间的中间人,而 M 也在 B 和 C 的各个行动者之间起到了同样的中间人作用。

弗里曼对中间度的研究建立在"局部依赖性"(local dependency)

这个概念基础上。如果连接一个点同其他点的一些途径经过某点,则称前一点依赖于后一点。伯特(Burt, 1992)用"结构洞"(structural holes)概念对此进行了描述。当两个点以距离2(而不是1)相连的时候,就说二者之间存在一个结构洞。结构洞的存在使得第三者扮演经纪人或者中间人的角色,因为他将结构洞联络起来。例如,在图5.1中,点E只有依赖于点A才能与图中其他点建立联系,点E也依赖于点G、B、M和C,尽管依赖程度有所减少。

在点的中心度的各种测度中,中间度可能最难计算。一个点Y相对于某一对点X和Z的"中间度比例"(betweenness proportion)定义为:经过点Y并且连接X和Z这两点的捷径占二者之间总捷径数的比例。它测量的是Y在多大程度上位于X和Z"之间"。[3]点X对点Y的"点对依赖性"(pair dependency)之值就定义为Y相对于所有包含X的点对的中间性比例之和。"局部依赖矩阵"(local dependency matrix)中包含了这些点对依赖值(pair dependency scores),矩阵各项值表达了每行对每列的依赖性。一个点的总"中间度"就用该矩阵各列值之和的一半来计算,也就是各列所代表的点的点对依赖值之和的一半。尽管算起来比较复杂,但是这一测度仍然具有直观意义,并可用UCINET程序计算,也可用PAJEK程序中的NET > VECTOR > CENTRALITY菜单项轻松地算出来。

在弗里曼的著述中有对点的中心度的一套测度:局部中心度(点的度数)、中间度和整体中心度(接近度)。我已指出,可以通过计算局部的相对中心度(而非绝对中心度)来促进不同社会网络之间的可比性,弗里曼也在其他形式的中心度测度中指出了这一点。他自己也提出了相对中间度测度,并且利用比彻姆(Beauchamp, 1965)的公式提出一种相对接近度测度。然而,所有这些测度都依赖于初始的度数值和距离值,现在有必要转向伯纳西茨(Bonacich, 1972, 1987)利用加权值提出的另外一类路数。在UCINET中,这些测度可以分别利用NETWORK > CENTRALITY > DEGREE、NETWORK > CENTRALITY > CLOSENESS和NETWORK > CENTRALITY > BETWEENNESS等菜单项计算。

伯纳西茨指出,对某点的中心度的测量不能脱离所有与之相关的其他点的中心度。与某些中心点相连的点的中心度也会提高,相应地,它也提高了与自己相连的其他点的中心度(Bonacich,1972)。因此,在计算中心度的过程中涉及内在的循环。按照博纳西茨的观点,在一个图中,点 i 的局部中心度 c_i 要根据如下公式来测量:$\sum_j r_{ij}c_j$,这里的 r_{ij} 是连接点 i 和点 j 的线的取值,而 c_j 是点 j 的中心度。也就是说,点 i 的中心度等同于与该点相连的线的取值,并根据这些点的中心度进行加权。[4]

随后,博纳西茨(Bonacich,1987)进一步推广了自己的初始研究。与弗里曼一样,他也给出了一系列局部测度和整体测度。他给出了最一般的中心度测量公式 $c_i = \sum_j r_{ij}(\alpha + \beta c_j)$。在此公式中,中心度权数要根据两个参数 α 和 β 进行修正。α 是一个起标准化作用的常数,引入它只是为了保证最终的各个中心度值围绕平均值 1 变动。另一方面,β 更具有实际意义。它有正负之分,允许研究者设置不同的途径距离用于计算中心度。[5]当 β 被设定为 0 的时候,就不考虑任何间接关系,得到的结果就是以度数为基础的局部中心度测量。β 如果增加,途径的长度也增加,意味着在计算中心度的时候逐渐考虑比较远的关系。伯纳西茨声称,以正 β 值为基础的测度与弗里曼的接近度测量高度相关。

然而,在博纳西茨的论证中存在一个主要难题,即赋予 β 以多大的值完全是研究者主观选择的结果。我们很难知道,出于什么样的理论原因使得研究者选择某个 β 值而不是别的值。尽管初始的伯纳西茨测度可能易于直观理解,但是一般化的模型难以对大于 0 的 β 值进行解释。另一方面,β 值可正可负,这确实为分析符号图提供了一种途径。伯纳西茨本人认为,负 β 值对应的是"零和"(zero-sum)关系,诸如在持有资金或者其他金融资源中涉及的关系。正值则对应着"非零和"(non zero-sum)的关系,如涉及信息获取方面的关系等。

前文主要根据图中最核心的点讨论了中心度,但是应该明确的是,根据中心度取值也能区分出最不核心的点。不管如何测量中心度,中心度最小的点都可以看成是一个图的边缘点。例如,对图 5.1 中所有中心度为 1 的点来说确实如此,它们与网络的联系松散,居于局部的边缘地位。然而,图 5.1 中的各个整体中心度数值表明,点 J、K 和 L 并不像其他度数为 1 的点那样在整体上居于边缘地位。极端的边缘性出现在孤立点位置上,因为该点与网络中任何点都无关。

埃弗里特和博加提(Everett and Borgatti, 1999, 2005)探讨了如何将弗里曼的度数中心度测度推广到点集(sets of points)的中心度。无论是根据特定的属性(如性别、年龄、种族等),还是根据后文章节将讨论的社群标准,某个类属或群体的中心度都不能根据个体值的简单相加或平均来计算,因为这要考虑到群体的规模。至于如何做到这一点则因测度的不同而有别。他们认为,在基于度数计算群体中心度测度的时候,要考虑到群体之外与群体成员有联系的人数,并用群体之外的总人数进行标准化。这个测度可用于比较不同规模的网络的中心度。一种比较复杂的群体中心度测度是以接近度为基础的,前文已指出,该测度的值越低,说明越有高的接近度。在这种情况下,爱弗雷特和博加提认为,标准化的群体接近度就等于群体之外的网络成员总数与群体成员接近度的总和之比。最后,基于中间度的群体中心度测度要考虑到汇总的中间度并除以最大可能的关系数的一半。他们在结论中认为自己给出了对群体社会资本的有用的评估,这与其个体成员的社会资本是不同的。

中心势和图的中心

到目前为止,我关注的都是点的中心度。但是,我们也可能考察作为一个整体的图在多大程度上具有一个中心化的结构。密度和中心势(centralization)这两个概念代表的是一个图的总体"紧凑性"(compactness)的不同方面。密度描述了一个图的总体凝聚力水平;"中心势"描述的则是这种内聚性在多大程度上是围绕某些特定点组织起来的。因此,中心势和密度是两个重要的、互补的测度。

图 5.2 展示了一个高度中心化的简化模型:整个图以 A 为中心点

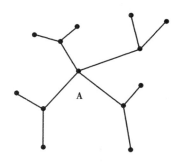

图 5.2 一个高度中心化的图

组建。如何测量这种层次的中心势？弗里曼(Freeman,1979)探讨了如何将各种度数中心度转化为在不同图中发现的总体中心势测度。一个图的中心势测度表达了该图围绕某个最核心点的紧密程度。弗里曼给出的中心势指数尝试分出简化的中心势观念的各个方面。在此基础上,他给出了 3 种类型的图中心势测度,这些测度都植根于前文界定的各种点中心度思想。

无论哪类中心势测度都要用到下面的一般性程序,即计算最核心点的中心度和其他点的中心度之差。这样,中心势就是这些实际的差值总和与最大可能差值总和之比。针对这种一般性程序的操作化,弗里曼讨论了 3 类方法,它们都基于对 3 种点中心度概念的应用。弗里曼(Freeman,1979)指出,这 3 种测度的取值都介于 0 和 1 之间,如果一个图的结构是以"星形"(star)或者"辐射形"(wheel)形式组织起来的,那么这三种图中心势测度都为 1。他进一步指出,对于一个"完备"图来说,这三种测度都是 0。大多数实际的社会网络都居于这两类图之间,在这些情况下,选择哪个测度对于表明图的特殊结构特征来说就具有重要意义。例如,基于度数的图中心势测量似乎对各个点的局部重要性敏感,而基于中间度的测量则对各个点构成的"链"(chaining)敏感。

评价一个图围绕某个中心点的集中趋势,这是广泛理解图的中心趋势的开始。各种中心势测度可以告诉我们一个图是不是围绕它的最核心的点建立起来的,但是不告诉我们这些中心点是否构成了一个独特的点集,即是否聚类(cluster)在图中的一个特定部分。例如,在图中一些核心点可能广泛地分布在图的各部,在此情况下,中心势测度就不会非常有益于增进对图的认识。因此,有必要考察图中是否存在一种可以辨别出来的"结构中心"(structural center)。一个图的结构中心是单个点或者一个点集,它像圆心和球心一样,是图结构的枢纽。

这种所谓"核心中心势"(nuclear centralization)的研究路数在斯托克曼(Stokman)和斯奈德斯(Snijders)[6]的未出版的著作中已经勾勒出来了。他们的路子是把具有最高点中心度的那些点集界定为图的"中心"。确定了这个点集之后,研究者就可以考察该点集与图中所有其他点之间的关系结构。图 5.3 展示了他们的研究路数的概要式框架。

如果图中所有点都按照点中心度——斯托克曼和斯奈德斯用的是局部中心度——的顺序排列起来,那么,中心度最高的一些点就是图的中心。只要在中心度的分布中出现一个"自然的断裂",就可以在中心和图中其他点之间划界。例如,在后续点的中心度逐渐降低的过程中,可能在分布中的某个特定点处出现一个陡降,这就可以看成是中心和"边缘"之间的界限。边缘指的是一系列与中心接近的点的聚类,反过来,如果在中心度的分布中又出现进一步的"断裂",这些点的聚类就会与"外围"点区分开来。

斯托克曼和斯奈德斯给出的概念仅适用于高度中心化的图。例如在图 5.2 这样的以一系列核心点为中心的图中,如弗里曼给出的某种测度所示,如果能够区分出斯托克曼和斯奈德斯界定的点集,那将带来信息增量。然而,在区分中心、边缘和外围的时候会难免有主观臆断。边界的位置不能精确地确定,因为它依赖于分析者对中心度分布中的"断裂"的确定。的确,可确定的边界数量由研究者来定。然而,描述网络结构的一项重要内容便是确定中心点集和边缘点集。解决这些问题(尽管这为斯托克曼和斯奈德斯所关注)的一个办法是运用派系分析或聚类分析来确定结构中心的界限:例如,如第 6 章所示,如果最核心的一些点构成了一个界定清晰的、界限明确的"派系",就有理由认为它们构成了图的核心。[7]但是并非所有图都有这样一个中

91

心点集的等级结构。如果一些中心点并不聚在一起成为一个中心化的图的核心,那么斯托克曼和斯奈德斯的"核心"就仅由一些在局部上居于中心的(尽管是分散的)点构成。在这种情况下,用"核心"一词就没有意义了。

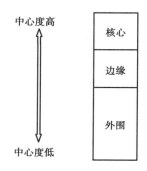

图 5.3 一个图的结构中心

另外一种中心势的研究路数来自博加提等学者(Borgatti and Everett,1999;Everett and Borgatti,2005),他们引介了一些可在任何网络中区分核心和边缘的方法。[8]他们的方法体现在 UCINET 中,计算每个点相对于最大中心度的"集中度"(concentration),并逐渐增加核心的规模,直到达到最大可能的集中值(concentration score)。这个过程将网络二分为一个相互联络的核心和其周围的与核心点的联络相对较少的边缘点。

如果可以考察图是否存在一个"绝对中心"(absolute center),就能对中心势分析稍加扩展。一个图的绝对中心与圆心或者球心很相似,是图得以构建的那个核心点。作为一个点的集合,图的结构中心不满足这个定义。图的绝对中心必须是单个点。例如,一个圆的圆心是与圆周上所有点的距离都相等的唯一一点。与之严格对应,一个图的绝对中心与圆心一样,应该与图中其他点的距离都相等。这个观点在图中很难操作,一个自然的想法就是放松等距离标准,用"最小距离"观念来代替。这就是说,绝对中心指的是在途径距离的意义上与图中所有其他点最"接近"的一个点。

克利斯托弗兹(Christofides,1975:第 5 章)建议利用距离矩阵对图的绝对点进行概念化处理和计算。与弗里曼提出的方法类似,他的论证的第一步也要测量"接近度"。构造了距离矩阵（该矩阵给出了每一对点之间的最短途径距离）之后，他用矩阵中一个点所在列（或者行）的最大值作为该点的"离心度"（eccentricity）或者"分离度"（separation）。[9]因此，一个点的离心度指的是与该点相连的最长捷径的长度。克利斯托弗兹对绝对中心度观念的最初估计就是把具有最低离心度的点称为"绝对点"。在图 4.6 中，社群图（1）中 B 的离心度为1，其他点的离心度都是 2。在这个社群图中，鉴于点 B 的离心度最小，它便是此图的绝对中心点。[10]然而，在其他图中可能不存在具有最小离心度的单个点。在其他图中可能存在许多具有相同的低离心度的点，在这些情况下，就要有确定绝对中心点的第二步了。

在确定图的绝对中心点的时候，第二步是找出该图中可能具有最小离心度的一个想象之点（imaginary point）。也就是说，这里的关键命题是，尽管图的绝对中心点可能在图的某个构成性的途径上找到，但是这个位置可能不对应图中某个**实际**点。任何图都有一个绝对中心点，但是在某些图中，该点可能是想象之点，实际上不存在。它是一个虚拟的中心点。

这个说法并不像初看那样令人奇怪。图 4.6 社群图（2）的全部点的离心值都是 2，所以都同样居于"核心"。然而，我们可以想象一个点 Z，它居于点 A 和 B 之间，如社群图（3）所示。"点"Z 与 A 和 B 的距离都是 0.5，与 C、D 和 E 的距离都是 1.5。想象之点 Z 比其他任何实际点都居于网络的核心，其离心度为 1.5。但是在此图中仍然不可能发现单个绝对中心点。实际上，可以将想象之点 Z 放在社群图中任何线的中间，结果都一样，把这个想象之点放在任何其他位置都不会增加其最低离心度。因此，针对这个图，我们最多可以说有 6 个位置可能作为绝对中心点，但是没有一个位置对应实际的点。在搜索想象之点作为绝对中心点的时候，第二步会降低不存在单独绝对中心点的图的数目，但是它并不保证针对所有点都可以发现单个绝对中心点。[11]

如此看来，某些图拥有单个绝对中心点，某些图则拥有多个绝对中心点。克利斯托弗兹提供了一种迭代算法，用来确认一个图的绝对中心是一个中间点还是实际点。[12]例如，图 4.6 的社群图（4）有一个绝

93

对中心点。其"点"Z 的离心度是 1.5,其他任何想象的中位点(mid-point)的离心度是 2.5,点 A 和 B 的离心度是 2,点 C、D、E、F、G 的离心度是 3。还有一些路数可用于确认图的绝对中心点,这些路数取决于第 9 章讨论的空间的网络结构模型。

公司网络中的银行中心性

对公司之间的连锁董事的研究虽然不是新课题,但是 1970 年代以前的绝大多数此类研究很少应用社会网络分析的形式技巧。尽管这些研究较少利用密度测量和聚类(cluster)分析,大多数还是坚持严格的定量思路,仅仅计算各个公司的董事数以及公司之间的连锁董事数。莱文(Levine,1972)发表的名篇标志着转向这种研究方向,与此同时,莫肯及其同事在荷兰也进行着一项开创性研究,他们全面系统地应用图论来探讨连锁董事(Helmers et al.,1975)。然而,主要转折点发生在 1975 年,当时迈克尔·施瓦茨(Michael Schwartz)和学生提交了一篇会议论文,该文应用中心度概念于公司网络之中(Bearden et al.,1975)。这篇论文尽管直到 2002 年才正式发表,但它早已被广泛传阅,影响深远。施瓦茨小组的工作以及在他们的激励下出现的其他研究,有力地展示了点中心度观念的概念力量。

迈克尔·施瓦茨和彼得·马里奥里斯(Peter Mariolis)在 1970 年代初就着手建立美国大公司的数据库,两人的工作为许多后续研究提供了大量的数据(例如,参见 Mariolis,1975;Sonquist and Koenig,1975)。他们后来逐渐扩大数据库,追加了 1962 年美国工业 500 强,金融和商业 250 强数据,以及从 1963 年到 1973 年每年所有新加入到这"750 强"公司的数据。最后的数据库包含了在 1962—1973 年美国 1 131 家最大公司的所有董事名单:总数为 13 574。无论从哪个角度来说,该数据库都是一个大的社会网络。实际研究时,需要根据具体年限选择出具有实质性意义的子数据库。一个这样的子数据库就是 1969 年的 797 个最大企业群体的数据,马里奥里斯(Mariolis,1975)的研究使用的就是这个数据。

施瓦茨及其同事的开创性论文（Bearden et al., 1975）使用了施瓦兹-马里奥里斯（Schwartz-Mariolis）数据库，并且利用格兰诺维特（Granovetter, 1973）对强、弱关系之分的思想对这些数据进行了分析。他们的论断基础是，各个公司的全职执行官之间的连锁（interlock）可以看成是公司网络中的"强"关系，而那些兼职的、非执行官之间的联系则是"弱"关系。这一理论论断的基础在于，专职执行官之间的关系最可能是董事会层次的联系，对相关的公司来说具有战略意义。因此，他们倾向于交叉持股，在公司之间建立贸易关系。[13]另一方面，非执行董事之间的连锁牵涉的时间投入少，对相关公司的战略意义小。

人们应用博纳西茨（Bonacich, 1972）测度考察了各个大公司的中心度。如前所述，某个特定点的这种测度需要根据该点的度数，与该点相连的其他点的中心度和每条邻接线的值的组合来测量。这是一个"循环"测度，需要大量的运算。例如，一个包含 750 家公司的网络需要解 750 个联立方程组（simultaneous equations）。在比尔登（Bearden）等人的分析中，第一步是决定用什么测度测量公司之间的连线值是恰当的。对于弱的、无方向线来说，比尔登等人认为，每条线的值应该不过是独立连锁关系的数量并用两个董事会的规模进行加权。该权数依赖于一个假设，即拥有大量连锁关系对于董事会规模大的企业来说，其意义不如对于董事会规模小的企业的意义大。其计算公式是 $b_{ij}/\sqrt{d_i d_j}$，其中的 b_{ij} 是在公司 i 和公司 j 之间的连锁数，d_i 和 d_j 分别是这两个公司的董事会规模。这个公式允许在图中所有"弱"关系的基础上计算伯纳西茨的中心度测度。

如果根据强关系来测量中心度，则需要比较复杂的公式。在此情况下，对每条线取值的测量则要考虑到图中线的"方向"。对于作为线的"发送者"的公司来说，线的取值要根据"发出"的董事关系数来计算，并根据作为"接受者"的公司的董事会规模来加权。此程序试图根据连锁关系对于作为接收者的董事会的重要性对线加权。反之，对于那些连锁关系"接受者"的公司来说，其收到的连锁关系数要根据作为发送者的董事会规模来加权。[14]比尔登等人认为，最后对中心度的测量

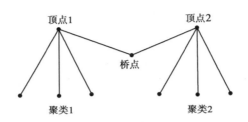

图 5.4　顶点和桥

要引入进一步的权重。他们不采用初始加权值,而采用发送者值的90%,接受者值的10%。这种加权值背后的逻辑在于这样一种理论判断,即在公司联络领域中,"发送比接受重要":输送董事的企业一般标志着比接受董事的企业更有权力。因此,针对各个中心度取值的人为调整就是为了在最终结果中体现这个理论判断。然而,需要注意的是,中心度不总是表征权力。在某些情况下,最主要、最可见的行动者可能身处最弱者之中(Mizruchi,1994:331-332)。

在该研究中,计算得到的各个公司的伯纳西茨中心度与公司的度数高度相关,相关系数为 0.91。然而,比尔登等人认为,最好选用比较复杂的伯纳西茨测度来测量,因为它有潜力突出那些度数低,却与高度核心的企业有关联的公司。他们认为,这种位置对于决定这些公司在经济中的结构显著性来说非常重要。

施瓦茨和同事对中心度作了进一步研究,他们称为"顶点分析"(peak analysis)。后来,米祖齐(Mizruchi,1982)进一步把"顶点分析"看成是解释美国的公司网络在 20 世纪的发展的基础。一般认为,如果一个点比与之相连的任何其他点更处于中心地位,则称前者为"顶点"(peak)。明兹和施瓦茨(Mintz and Schwartz,1985)推进了这一思想,界定了把两个或多个"顶点"连在一起的中心"桥接点"(bridge)这个概念(参见图 5.4)。他们进一步将所有与"顶点"直接关联的点看成是一个"聚类"(cluster),但要去掉那些与另外一个顶点距离为 1 的点。这样,顶点就处于这些聚类的核心。[15]

通过运用这些技术来测量点的中心度,人们一致认为其结果表明了公司网络的一些最基本的特点。总而言之,比尔登等人认为,美国的公司关系网总体上表现为具有"银行中心度"模式:在网络中,无论根据强关系还是弱关系来测量,银行都是处于最核心地位的行业。外展的全国层次的连锁网(主要由弱关系建构在一起)与内延的区域集团网(由强关系结合在一起)的共存中体现了银行中心性。对它们来说,强关系具有明确的区域基础。内延的区域集团既由金融企业也由非金融企业的强关系产生,但是,各个银行的强关系则是强关系网的核心。例如,1962 年的企业关系网就由一个非常大的关联成分(connected component)[16]、两个小的集团(每个集团有 4、5 个企业)以及大量的企业对(pairs)和孤立企业构成。在大的关联成分中存在 5 个顶点及与之相连的聚类。在强关系网中的主导要素是一个区域聚类,该聚类围绕着"伊利诺斯大陆"(Continental Illinois)银行这个顶点和其他两个芝加哥银行组建在一起,而这些银行又与一个由 11 个中西部企业构成的群体关联在一起,这些企业又进一步与由 132 个企业构成的更大的集团关联在一起。在这个强关系网中,其他 4 个顶点是梅隆国民银行(Mellon National Bank)、摩根银行(J. P. Morgan)、信孚银行(Bankers Trust)以及加州联合银行(United California Bank),它们的聚类规模从 4 个到 10 个企业不等。

96

　　弱关系把各个独立聚类连在一起,建构了一个巨大的国家网络,该网络恰恰处在这些高度聚类的强网之上。比尔登等人认为,这种国家范围内的网络反映了一种向商务倾斜的总取向,也反映出所有大公司共有的利益趋同性。非执行董事之间的连锁即表明了这种共同性,它产生了国家层次上的整合性、一致性和互依性(也可参见 Useem, 1984)。在该网络中,绝大多数公司都与一个大的单一成分相关联,其余者绝大多数是独立的企业。银行仍然是最核心的行业,特别是那些起到"国家"而非"区域"作用的纽约银行。正是各个银行的非执行董事之间的连锁把整个国家网络胶合在一起。[17]

　　近期在讨论公司网络的跨国中心性的时候,这种图景稍有修正。一项开创性的研究(Fennema, 1982)表明,1976 年的连锁是因地理和语言因素而分化的。尽管银行在每一个研究的国民经济中显然居于中心地位(参见 Stokman et al. , 1985),整体跨国网络却没有中心,也

97 没有什么特殊的企业占据着整体的中心位置。从那个时代以来,经济关系的广泛而深入的全球化发展促进了跨国联系数量的增加,改变了银行在跨国网络中的位置。国民经济越来越碎片化,跨国运作的银行越来越在它们的国民经济中居于核心(Carroll,2002,2004)地位。斯克莱尔(Sklair,2001)指出跨国资产阶级的发展,而鲍曼(Bauman,1998)则指出全球金融决策者脱离了国际承诺(national commitments)而出现。然而,看起来董事会的跨国整合程度被显著夸大了(Carroll

98 and Fennema,2002)。

注释

1 这个相对测度是通过"度数/$(n-1)$"这个公式来计算的,因为每一点最多可以与其他 $n-1$ 个点相连。

2 亦参见马斯登(Marsden,1982)。伯特发展了齐美尔的作为"渔利者"(tertius gauden)的中间人观念,他是从另外两派之间的冲突或分离中获益的第三方。安东尼斯(Anthonisse,1971)提出了一个所谓"流"(rush)的测度,它与弗里曼的中心性观点高度相关。只有在 GRADAP 软件包中才可以测量该测度。

3 作为一个比率,其取值范围从 0 到 1,值为 1 表示一对点之间的连接完全依赖于 Y。

4 可见,中心度测度依赖于一组联立方程组的解。这一测量最初应用于比尔登等人(Bearden et al.,1975)的著述中,其中 r_{ij} 要根据两个公司之间的连锁数来测量。本章后文将讨论这种研究。

5 β 是一个附加在初始测量的中心度上的权重,而不是一个乘数。

6 也可参见斯托克曼等学者(Stokman et al.,1985)对此观点的应用。

7 第 7 章中讨论的"位置"研究可以与斯托克曼和斯奈德斯的研究结合在一起,这样可以产生更可靠的区分。

8 他们使用的术语是"核心"(core)而不是"中心"(centre),考虑到第 6 章将明确的理由,我将不沿用这个术语。

9 在一个有向图中,"入"距离和"出"距离是不同的,因此,最大的列项将是"入-分离度"(in-separation),最大的行项是"出-分离度"(out-separation)。

10 注意:在这种情况下,点 B 与所有其他点都是等距的。在所有图中情况并不都如此。

11 注意:虽然不能定义出唯一一个绝对中心,通过克利斯托弗兹

(Christofides)程序识别的真实的或想象的中心却有相同的数学特性。因此,在计算其他测度的时候就可以用绝对中心点。

12 如果图中确实存在唯一一个拥有最小离心率的点,该点就是这个图的绝对中心。如果如图5.4的社群图(4)所示有两个具有同样的离心率的点,那么在这两点的中间就存在一个绝对中心。如果有两个以上的点具有最小离心率,则该图没有唯一的绝对中心。不幸的是,克利斯托弗兹算法在任何一个标准的社会网络分析软件中都不提供。

13 在公司网络中,强、弱关系之分后来在斯托克曼等学者(Stokman et al.,1985)的著作中得到了系统的阐述,这就像"首要"(primary)连锁与"松散"(loose)连锁之间的区别一样。

14 这一点是有争议的。在第二种情况下,权重也应该以作为接受者的董事会(recipient board)的规模为基础,因为加权就是为了测量连锁对于董事所在的董事会的重要性。对伯纳西茨测度的进一步思考可在米祖齐和邦廷(Mizruchi and Bunting,1981)、马里奥斯和琼斯(Mariolis and Jones,1982)中找到。

15 这种聚类观点将在第7章中考察。

16 作为图的一个关联部分,"成分"这个观点将在下一章中给出正式界定。就目前讨论的目的来说,明确它的一般性意义即可。

17 有关这项研究与相关的研究工作的比较,可参见斯科特(Scott,1997)。布拉斯和伯克哈特(Brass and Burckhardt,1992)、米祖齐和加拉斯科维兹(Mizruchi and Galaskiewicz,1994)等提供了有用的理论探讨。米祖齐(Mizruchi,1992)将这项研究扩展到与之相关的公司的政治捐赠。

6

成分、核心与派系

　　尝试发现网络可以分为多少类"派系"和凝聚子群（cohesive sub-groups），这是投身于社会网络分析的学者持续关注的问题之一。前文已经指出，早期霍桑实验和扬基城（Yankee City）研究者把"派系"思想看成是他们的核心理论发现。他们论证到，人们之间的非正式关系将他们联络成为具有规范、价值、导向和亚文化的凝聚子群（sub-groupings），并且可以与"官方"或正式的社会结构相抗衡。他们认为，派系是人的认同和归属感的最重要的来源。派系广泛存在于日常词汇之中，如"我们组""后面的一组"等，人们正是运用这些词汇描述他们的社会世界的。

　　分析者一旦试图把派系思想形式化，并且设计一些数学方法测量派系的数量和凝聚力，就会意识到，"派系"并不限于非正式的关系，还存在着政治派系和宗派、经济派系和利益群体等。人们也发现，对"派系"这个显然简单的概念进行操作化的方法有多种：例如，可以把派系看成是由多个相互联系的个体组成的群体，或者密度大的群体。因此，各种关于子群的理论模型相继涌现，如把子群描述成"派系""聚类"（clusters）、"成分"（components）、"核"（cores）和"圈子"（circles）等。这5个概念都开始于"c"以外，在其他方面很少有共同之处。本章将讨论它们的各种理论基础，尽管我把"聚类分析"问题挪到下一章讨论。

　　所有这些群体结构测度的起点都是"子图"（sub-graph）观念。从一个整体网络图中选出某些点和连接这些点的线就构成一个子图。针对图的任何部分都可以分析其子群，尽管不是所有这些标准都在研究中得到实质性应用。例如，一个随机的点样本可以看成是一个子图，从而可以考察其结构特征。但是，一般来说一个随机子图不对应于一个有意义的社会群体。在区分子图的时候，一个比较有用的路数是利用某些标准（如性别）把网络的各个成员分开，然后再分析两个独立子图：男人图和女人图。任何这种选择都依赖于研究者的理论的和经验的关切点。其总的目标不过是界定一个有意义的能动者类别，探讨它们独特的网络形式。因此，从这个视角看，子图的确定与对图本身的初始确定是一样的。前几章讨论的边界和抽样问题也与本章的问题有关，这里不涉及新问题（参见 Frank，1978b）。

　　派系以及类似的分析通常采用另一种研究思路来探讨子图。其目的是考察整个图本身的结构特征，发现该图可以分成几个"自然存在的"子图。从这一观点出发，一个子图必然具有某种根据图论数学原则得出来的确定性特征：点的关联性、关系的紧密性等。派系是就某一独特特征来说达到**最大**的一个子图：在这种特定的特征不消失时，派系就是图中存在的最大子图。至于选择哪种特定的特征，则依赖于研究者决定给某个特定的数学标准以怎样的有意义、有用的社会学解释。不幸的是，这个做法很少是明晰的，并且绝大多数研究者都假设，不管在社会网分析软件中应用什么数学程序，都**必须**是有用的社会学测度。本章的目的就是揭示在各种现有的程序中存在哪些数学假设。了解这些假设之后，研究者才可以就他们的特定研究作出有根据的判断。

成分、循环和结群

　　在各种子图概念中，最简单者为成分（component），它的正式定义是："最大的关联子图"。与图一样，如果子图中所有点都通过各种途径相连，该子图就是"关联"的：一个关联子图中的所有点都可以通过一条或多条途径连接,但是它们与子图外的点无关联。在一个成分中,所有点都通过途径连在一起,但是其中任何途径都不指向成分外的点。当关联子图达到最大的时候,不可能加入新成员而不破坏关联性。例如,不能把一些孤立点加到一个现存的成分之中,因为它们与该成分的任何成员都没有关联。因此,要确定一个成分的边界,需要追溯来自其潜在成员的各条途径,以检验其关联性。

100

一种区分成分的计算机算法可以始于一个随机选择出来的点,然后追溯与之直接相连的所有其他点。再对这些点重复使用同样的分析程序,用这种"滚雪球"的方法,成分的规模将逐渐增大。当没有点可以加入成分中的时候,成分的全部成员就确定下来了。如果成分之外还有其他点,可以针对这些点重复这种程序,这样便可以区分图中的其他成分。在 PAJEK 中,通过 NET > COMPONENTS 菜单可计算成分。

这样看来,成分无非是一个点集,这些点通过连续的关系连接在一起。可以追溯连接这些点的途径,直到发现成分的边界。当然,"关联图"仅由单一成分构成。其他图主要由一个或多个独立的成分以及一系列孤立点构成(参见图 6.1)。这种观念易于进行社会学解释。从原则上讲,一个成分的各个成员都可以相互交往,这种交往或者是直接的,或者通过一条中介链。然而,孤立点则无此机会。因此可以认为,在一个图中发现的各个成分的模式——其数目和规模——标志着

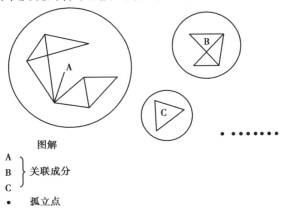

图 6.1　网络中的成分

相关的网络中对资源的交流或传递的机会和限定。因此,就此来说,它们体现了早期场论者的"拓扑域"(topological regions)背后的观念。因此,对一个网络进行结构描述的第一步便是确定其成分的数目和规模。

探查一个图中各个成分的最简单算法是找出所有可能的途径,以便找到两点之间的捷径。这些捷径的长度最小值为1(直接联系),最大值为 $n-1$。例如,在一个规模为100的图中,途径的最大长度可达99。然而,在一个大型图中,其成分的最长捷径——"直径"——一般远小于此。[1]但是,由于在确定成分的界限之前一般不知道成分的直径,因此,在搜索成分的过程中,这种算法必须搜索全部途径直到最大值 $n-1$。

由于该程序耗时长,效率低,社会网络软件包一般选用另一种程序。通过构建"生成树"(spanning trees),用从所选择的诸多点回溯(back-tracking)的方法可以发现"成分"。该算法先找出与某个起点相连的任意一点,再找出与这个任意点相连的任何点。如此反复,直到找不出另外的关联为止。然后,该算法沿着所发现的链返回,直到它能够建立与一个新点的联系为止。重复此类回溯方法,就可以很高效地找到一个成分的边界,并且该程序可以继续考察其他点,以便发现其他成分。在 UCINET 中,通过 NETWORK > REGIONS > COMPONENTS 菜单选项即可进行成分分析。

针对有向图和无向图都可找出其成分,但是这两种情形有重要区别。在有向图中可以确定两类成分:强成分(strong component)和弱成分(weak component)。在前者中,构成途径的各条线排列在一条持续链中,没有任何方向上的改变。任何不满足此标准的途径都不加以考虑。之所以这样限定,原因在于我们假设一条线的方向表明某种资源或者工具(如资金、权力或者信息等)可能的流动方向。只有当途径中的各条线不改变方向的时候,这种流动才不被打破。这样看来,在强成分代表的一系列行动者中,上述资源可以轻松自由地流动。

对有向线也可以有另外一种弱的解释。假定不考虑关系的方向,只要存在关系就可能有交往。从这个视角出发,可以从图中的半-途径(semi-paths)中确定出成分。由于不考虑构成途径的线的方向,仅考虑关系的有无,用这种方式得到的有向图中的成分称为弱成分。

当然,在无向图中不存在成分的强、弱之分。此时研究者着眼的是所谓的简单成分(simple components):所有线都没有方向,所有途径都由可接受的关系构成。原则上说,区分无向图中的简单成分的计算机程序与区分有向图中弱成分的程序是一致的。只有当明确考虑线的方向的时候,算法才有区别。

成分分析将图分解为一个或者多个(简单、弱或强的)成分和一系列孤立点。研究发现,相对紧密的图一般都是一个大的成分,尤其当分析关注的是简单的或弱成分的时候更是如此。的确,这可能是一般的"小世界"网络的数学性质之一(Watts,1999)。为了更缜密地分析网络结构,一般需要探究成分的内在结构。

有一种方法可用于探究成分的内在结构,即考虑是否存在一些关键点把各个成分联络在一起。黑格和哈拉雷(Hage and Harary,1983)通过所谓的"块"(block)概念来研究此问题,"块"指的是在没有"切割点"(cut-point)的简单成分(或者有向图的弱成分)中的一些子图。[2]切割点指的是这样的点,即如果去掉它,就会增加成分的数目,也就意味着子图分为两个或多个独立的、互不关联的子群。例如,在图 6.2 的成分(1)中,点 B 就是一个切割点,因为一旦没有 B,(1)就变成(2)所示的两个无关联的成分。其他点都不是切割点。这样看来,切割点是连接一个成分的各个要素(elements)的中枢点。这些要素及其切割点便是哈吉和哈拉雷所描述的"块"。需要再次声明的是,为了避免因"块"概念有各类应用而带来混淆,我在下文将不用"块"这个词,而用"结群"(knot)这个描述性词语。如此看来,图 6.2 中的成分便由两个结群——{A,B,C}和{B,D,E,F}——构成。因此,一个图中的各个切割点将成为大量结群的成员,切割点则成为各个结群之间的交叉点。[3]

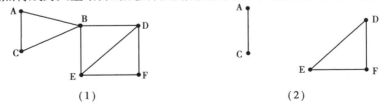

(1) (2)

图 6.2 结群和切割点

　　相对而言,比较容易给切割点观念以有实质意义的社会学解释。例如,可以认为切割点对应的行动者处于局部中心地位。黑格和哈拉雷(Hage and Harary,1983)曾经指出,结群(他们用的是'块'这个词)可以看成是一个网络中最有效的交往或交换系统(有关该观点的具体应用,也参见 Hage and Harary,1991,1998)。由于结群不包含切割点,其各个成员之间的交往和交换行为因而不依赖于任何单个成员。在结群的所有点之间总是存在一些替代性的交往途径,这使得其形成的网络既有弹性又不分层化。

　　埃弗里特扩展了成分观念,更缜密地分析了紧密网络之结构。他 103 的研究(Everett,1982,1983a,1983b,1984)建立在他所说的"块"(block)这个图论概念基础之上。前文已经指出,"块"一词是极为混乱的,因为它在社会网络分析中有各类完全不同的所指。为了避免混淆,我建议在术语上要革新。由于在下文中即将明晰的原因,我在这里用"环成分"(cyclic component)代替埃弗里特的"块"概念。[4]

　　"环成分"概念依赖于"环"(cycle)一词。一个环就是一个途径,只不过它返回到其初始点,并且与一个途径类似,它可以任意长。一个图中的环可以用其长度来描述,如 3-环、4-环等。就其最一般的形式来说,图论专家可以确定埃弗里特所说的 k-环,k 可以是任何特定环的长度。分析环的第一步往往是决定要考察的环最长是多少。任何比它长的环都忽略不记。例如,如果选择最大环长为 4,那么,图 6.3 中的(1)则包含 4 个长度为 4 的环(ABCDA、BCDAB、CDABC 和 DABCD)和 6 个长度为 3 的环(ABDA、BDAB、DABD、BCDB、CDBC 和 DBCD)。[5]如果要求最大环长为 3,那么只有较短的环保留下来,此时点 A 和 C 就不被任何环连在一起。埃弗里特接着界定了"桥线"

(1)

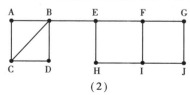

(2)

图 6.3　环成分

（bridge），它是这样一条线，即它本身不处于环中，却把两个或者多个环连在一起。[6]例如，就最大环长为 4 而言，图 6.3 中（2）包含的桥线是 BE。

"环成分"可以定义为一系列互相交叉的环构成的集合，这些环由它们共享的线或点连在一起。因此，尽管一个图的多个独立环成分通过一条或多条桥线连在一起，但是它们却不重叠。例如，图 6.3 中（2）本身不是一个环成分，然而它却包含环成分｛A、B、C、D｝和｛E、F、G、H、I、J｝。后一个点集包含线 FI，它是 EFIHE 和 FGJIF 这两个环的公共线。因此，可以看出，一个环成分是由一个相互交叉的环链构成的，相交处是重叠的环共有的线或点。[7]把一个图中所有那些特定环长的桥线（称为 k-桥线，k-bridges）从图中移开，就可以确定各个环成分是什么。剩下的点集就是环成分。

对简单成分、弱成分和强成分的分析得到的不过是一些成分和孤立点，而对环成分的分析得到的结果往往比较复杂。这是因为，环成分与那些本身不是环成分成员的各种点连在一起。埃弗里特（Everett，1982）指出，这些网络要素可分为如下 5 种：

1 环成分。

2 悬挂点（hangers）。这是一些与环成分相连但不在环上的点。这些点只是"挂"在环成分上。

3 桥点。这些点处在两个或者多个环成分之间，起到中介者（intermediaries）或者"摆动者"（waverers）的作用，但它们不是任意环成分的成员。这样，一个桥点"挂在"两个或者多个环成分上。

4 孤立树（isolated trees）。这是一些由点构成的链（包括二人链，dyads），它们与任何环成分都无关联。这些"树"的成员之间以非环（non-cyclic）的方式相连。[8]

5 孤立点。是一个度数为零，与任何点都不相连的点。

有时候很难给较长的关联途径以有实质意义的社会学解释。当长环把众多点连在一起的时候，问题就更加明显。前文已经指出，关联图有一种趋势，即它一般是由一个大的环成分构成的。出于多方面考虑，埃弗里特认为，在现实情形中应该把分析限定在相对较短的环

上,如 3-环或者 4-环。如果分析 3-环,那么仅关注由 3 人组(triads)构
成的环成分就可以了,并且可以给出很多具有实质意义的解释。分析
4-环,则需要考察由 3 人组或矩形(rectangle)关系构成的成分。尤其
重要的是,如果研究者希望运用长度超过 4 的环,那么他赋予这种数
学结构的社会学解释必须既清楚又有意义。

对于有向图来说也可以分析其环成分。最简单的做法就是不考
虑线的方向。这种分析的基础是图中的"半-途径"(semi-paths),分析
出来的是"半-环"(semi-cycles)。它们都是不考虑线的方向的环。当
然,这样做会失去一些信息,这种程序可用来得到弱环成分(weak
cyclic components)。为了分析强环成分(strong cyclic components),方
向性信息必须保留。事实上,埃弗里特建议,这种分析也必须包含某
些半-环。在一个有向环(directed cycle)中,方向沿着所有线依次传导
下去。例如,在图 6.4 中,ABCA 是一个有向环。而途径 ABDA 则包含
一个 A 和 D 之间的反方向,所以它仅仅是一个半环。当那些不在有向
环上的点是由两条或者更多不同的有向途径连在一起的时候,埃弗里
特把这种半环定义为"可接受的半环"(acceptable semi-cycle)。这样,
点 A 和 D 不通过一个有向环连在一起,但它们是通过有向途径 ABD
和 AD 连在一起的。因此,ABDA 是一个可接受的半环。这种分析背
后的逻辑是,半-环的成员是通过交叉的有向途径连在一起的,因而有
一种相对"较强"的关系。

因此,在确定强环成分的时候,计算机算法必须搜索一个图中的
有向环和可接受的半环。利用这种程序,一个有向图中的所有环都可
分为有向环、可接受的环和不可接受的环 3 类,并且对强成分的分析

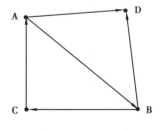

图 6.4　环和半环

仅仅需要考虑前两种环即可。仅用这些环就可以确定图的强环成分，同时也可能根据连接这些点的线的方向，对"在悬点"（hangers-on）和"未悬点"（hangers-off）进行区分。所谓"在悬点"指的是这样一些悬点，即连着它的线指向强环成分的某一成员，如果存在一条从成分的一个成员出发并指向某点的线，该点就是"未悬点"。[9]

成分的轮廓

到目前为止，我们探讨了区分各种成分的程序，评述了分析这些成分（结群、切割点）的构成要素以及外在于成分的要素（悬挂点、桥线、树和孤立点）的方案。在本节和下一节中，我将较系统地考察成分的内在结构问题。本节探讨如何通过找出成分的"核"而画出其轮廓（contour），下一节分析用来构建成分的"派系"和"环"（circles）。

第 2 章指出，扬基城（Yankee city）的研究者试图找出他们所谓"派系"的"核心成员"和"边缘成员"。这个程序也可用于成分内在结构。通过一种常被称为成分"嵌套"（nesting）的程序（第 3 章已有简单的分析），就可以揭示成分的轮廓。[10]对成分进行层层嵌套分析涉及越来越强的临界（cut-off）标准，据此在每一步分析中都能画出成分的边界。当把分析的结果组合为一个图形的时候，得到的就是一系列有公共圆心的点集。在嵌套分析中，基本图形是一个轮廓地图或者一系列俄罗斯套娃（Russian Babooshka dolls）①，每个成分都"嵌套"在更大的成分之中。一个成分被可视化为以一些紧密凝聚的点为核心，随着凝聚力或者紧密度标准越来越弱，其边界也逐渐向外扩散，包括越来越多的点。在联系最弱的层次上，所有的关联点都包含在单个成分之中。

107

---

① 俄罗斯套娃是最受欢迎的一种俄罗斯纪念品，其中的多个娃娃玩具层层嵌套在一起。不过，俄罗斯套娃的正确英文名称为 Matryoshka。babushka dolls 是不恰当的术语，却为俄罗斯以外的语言所大量采用，而对于俄罗斯人来说，该词是不常用的。有意思的是，babushka 是一个俄语单词，其意义为"祖母"，与 matryoshkas 没有什么关联。如果说二者之间有联系的话，那可能是俄罗斯奶奶的好客性格，用玩具来溺爱孙子。参见 http://www.matryoshkastore.com/。——译者注

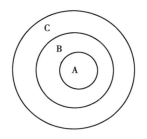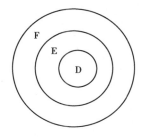

图 6.5 嵌套的成分

图 6.5 展示了一个简单的嵌套案例。集合 A 的点之间联系最密切,它们构成了成分的核心。确定集合 B 的边界的标准就弱一些,所以它包含集合 A 的所有点和另外一些联系较弱的点。最后,用来确定集合 C 的边界的关联标准是最弱的,所以包含所有的点。同样可以解释第二个成分中的集合 D、E、F。这样,一个图中的每个成分都可以分解为其各个核心要素,从而可以画出该图的轮廓图。

检测成分的基本算法是把所有的关系都看成是二值数据,即只看关系的有无。因此,对多值图的分析必须把实际值转换为二值,即 1 或者 0。这便需要对多值图矩阵中的各项进行"切割"或者"二分法"操作。[11]高于或者低于某个特定临界值的各项被转换为二值数据:高于临界值的各项赋予"1",低于此值的各项赋予"0"。然后就可以针对这些二值数据寻找成分了。例如,一个多值邻接矩阵的各项可能表达线的多元度,这个矩阵就可以根据逐渐增强的密度标准进行"切分"。通过研究根据每一类临界值确定下来的成分,研究者就可以构建如图 6.5所示的嵌套图轮廓。每个成分的边界画成同心圆,图形也表示出高密度的"峰值"(peaks)和低密度的"平坦"。

人们提出两类可相互替代的嵌套方法:一类根据点的度数作为凝聚力测度;另一类根据线的多元性作为紧密度测度。以度数为基础(degree-based)的测量确定的是"k-核"(k-cores),基于多元性的测量确定的则是"m-核"(m-cores)。[12]

塞德曼(Seidman,1983)指出,对成分结构的研究可以运用最小度标准来区分高、低凝聚力的领域。他论证道,对一个图出现的"k-核"结构的分析是对密度测度的一个重要补充,笔者已经指出密度测度不

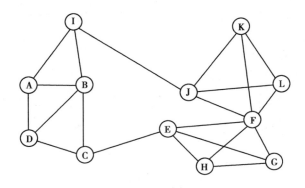

图 6.6　一个 3k-核图

能抓住图结构的许多整体性质。一个 *k-核* 是这样一个最大子图,其中所有点的度数都至少为 *k*。[13]这样,一个简单的成分就是一个"1k-核"。其中所有点都相连,因而其度数至少为 1。为了确定一个"2k-核",需要忽略所有度数为 1 的点,进一步考察剩余各个点之间的关联结构。2k-核由那些度数为 2 的剩余关联点组成。同理,确定一个 3k-核则要去掉度数为 2 或 1 的点,以此类推。图 6.6 表示的是一个 3k-核图。在这个子图中,每个点的度数至少为 3。尽管有两个点(B 和 J)的度数是 4,一个点(F)的度数是 6,但是该图中不存在 4k-核或 6k-核,因为一个 *k-核* 必须至少有 *k*+1 个成员,每个点的度数至少为 *k*。

　　如此看来,一个 *k-核* 便是在整个图中一个凝聚力相对较高的区域,但它未必是最大的凝聚子图,因为有可能存在一些相互之间联系松散,却有非常高凝聚力的区域。例如,在图 6.6 中,凝聚区域{E,F,G,H,J,K,L}和{A,B,C,D,E,I}是通过弱关系线 IJ 和 CE 连在一起的。这样,这些 *k-核* 就构成了成分的各个域,在该成分中可发现具有凝聚力的子群(如果存在的话)。[14]

　　塞德曼也指出了如何估计一个网络的总体分裂性(fragmentation),这需要根据他所说的核塌缩序列(core collapse sequence)。一个 *k-核* 中的点可以分为两个集合:在 *k*+1 核中的点和不在该核中的点。塞德曼把后一群体称为 *k-剩余集合*(*k-remainder*)。在任何核中,剩余集合都是由那些当 *k* 增加 1 后在分析时"消失"的点组成的。正是这些当 *k* 增加时关联较小点的消失才导致了"塌缩"

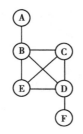

k值	剩余点	剩余点所占比例
0	0	0
1	2	0.3
2	0	0
3	4	0.6
4	无	无

图 6.7 k-核的塌缩

（collapse）。塞德曼提出，每当 k 增加一个单位，从核中消失的点所占比例就可以排列为一个向量（即一行数值），可用该向量描述成分内部的局部密度结构。[15]

这一点可以通过社群图 6.7 来展示。在该图中，6 个点都连在一起，所以 k 从 0 增加到 1 时不会引起点的消失。当 k=1 的时候，所有点都包含在一个核内，但是有两点（点 A 和 F）是剩余的。当 k=2 时，剩下点 B、C、D、E，每个点的度数都不小于 2。事实上，由于这些点的度数都是 3，并且都相互关联，所以当 k=2 时就无剩余点了。然而，当 k 增加到 3 的时候，剩余 4 个点，因为全部点在 k 增加到 4 的时候都消失了。如果用一个向量来表示从 k=0 开始出现的剩余点序列，会得到如下核塌缩序列：(0,0.3,0,0.6)。

核塌缩系列总结了成分的茂密性（clumpiness）。塞德曼认为，如果核塌缩是缓慢的、逐渐的塌缩，则表示网络结构在总体上具有一致性。否则，一个不规则的取值序列（如图 6.6 所示）则表明存在着相对来说比较紧密的一些区域，这些区域被比较多的边缘点包围着。如果向量中的值从 0 持续增加到比较高的 k，这表明成分内的结构具有一致性；如果在较低的 k 值出现以后持续出现了 0 值，则表明存在多丛的高密度。在 PAJEK 中，网络的 k-核可通过 NET > PARTITIONS > CORE 菜单选项来分析。在 UCINET 中，k-核可通过 NETWORK>SUBGROUPS>K-CORE 菜单选项来分析。

k-核以点的度数为基础。相比之下，m-核（m-cores）则基于线的多元度（multiplicities）。[16]一个 m-核可以定义为这样的一个最大子图，即其中每条线的多元度都不小于 m。一个 m-核是由多条具有特定多元

110

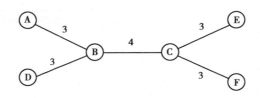

图 6.8　一个 3m-核

度的线连成的一个链。与 k-核一样，一个简单成分也是一个 1m-核,因为其中所有点都由多元度至少为 1 的线连在一起。在一个 2m-核中,要忽略多元度为 1 的线,根据剩余的线来确定成分。一个 3m-核也类似,应忽略所有多元度为 2 和 1 的线。图 6.8 表示的是一个简单的 3m-核,其中所有点都由多元度至少为 3 的途径相连,各个点与核之外的弱关联不被考虑。由于点 B 和 C 由一条多元度为 4 的线相连,它们形成了一个包含 2 个成员的 4m-核。正是各个核的相互嵌套才揭示了网络的总体形状。[17]

　　塞德曼关于核塌缩系列的思想也可以扩展到 m-核:当然,这样的应用已经大大简化了。这可以根据图 6.9 来解释。随着 m 值的增加,

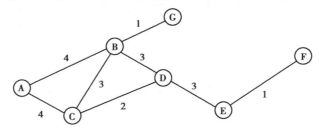

m值	m-核	剩余点数目	剩余点所占比例
0	{A, B, C, D, E, F, G}	0	0
1	{A, B, C, D, E, F, G}	2	0.28
2	{A, B, C, D, E}	0	0
3	{A, B, C, D, E}	2	0.28
4	{A, B, C}	3	0.43
5		无	

图 6.9　一个 m-核的塌缩

线要逐渐去掉,在每一个 m 水平上的剩余点指的是当 m 增加到 $m+1$ 时将会消失的点数。当 m 由 1 增加到 2 的时候,有 2 个点将会消失,但是其他点直到 m 增加到 4 的时候才会消失。如果 m 增加到 5,所有点都将消失,因为图中点的最高多元度是 4。这样,该成分的 m-核塌缩系列是(0,0.28,0,0.28,0.43)。德努等学者(De Nooy et al., 2005:111-3)将 m-核看成是 m-切块(m-slice),并在 PAJEK 中讨论了它的测量。

为了完成本部分论述,有必要考虑嵌套分析与环成分之间的关系。当然,运用一个适当的"切割"值,就可以将环成分从多值图中区分出来。通过调整不同的切割标准,即可能达到对嵌套成分的分析——在这种情况下是对嵌套环成分的分析。[18]

总之,对简单成分基本思想的各种推广为分析网络的裂变程度提供了一系列有力的概念工具。它们强调网络的总体形状,补充了密度测量,有助于克服密度测量的许多局限性。如果针对规模可比的网络的各种整体结构进行全面的比较,将涉及各种测度,包括网络的总密度及其内涵度、成分的数量和规模、成分的密度、成分的嵌套结构与核塌缩系列等。 111

派系及其交织

早期的社会网络学者在霍桑工厂和扬基城的研究中讨论了他们发现的"派系",到目前为止,本章讨论的各种概念都指向了派系思想的形式化。但是我还没有讨论社会计量学意义上的派系概念本身,这个概念是人们在讨论图论的社会学应用之时提出来的。对"派系"有各种相互竞争的应用,但是,大多数人认为派系的本质含义是"最大的完全子图"(maximal complete sub-graph)(Luce and Perry, 1949;Harary, 1969)。也就是说,派系是这样一个点的子集(seb-set),其中任何一对点都由一条线直接相连,并且该派系不被其他任何派系所包含。[19]如图6.10所示,一个3-成员的派系有3条线,一个4-成员的派系有6条线,5-成员的派系有10条线,以此类推。[20]一个"成分"是"最大" 112

图 6.10 不同规模的派系

的关联图(所有的点都通过途径相连),而一个"派系"也是最大的完全关联图(所有点都相互邻接)。

多里安(Doreian,1979:51-52)指出了派系的一些形式特征。其最基本的特征是,所有派系都是点的最大子集,也就是说,其中每一点与其他点都处于直接的互惠关系之中。根据定义,在一个无向图中,派系的所有点之间的关系都是相互的,所以派系分析程序要用到图中全部线。然而,在有向图中情况则有所区别:其矩阵是不对称的,只有互惠关系才予以考虑。因而,在有向图中,网络分析区分出来的派系叫作强派系(strong cliques)。另一方面,如果不考虑线的方向,仅关注关系的有无,把全部线都看成是互惠关系,那么分析的结果就是弱派系(weak cliques)。[21]

在现实的社会网络中,最大完全子图这个概念相当严格,因为紧密联系的群体在实际中很少见。因此,有学者对此概念进行了一系列推广。[22]最早给出的推广是 n-派系(n-clique)这个概念,这个概念与人们日常对派系的理解最接近。在此概念中,n 指的是派系成员之间联络的最长途径之长。这样,一个 1-派系就是最大完备子图本身,因为其中所有点都直接相连,距离都是 1。这样的派系必然是一个 $1k$-核和 $1m$-核,但是并非所有这样的核都是派系。一个 2-派系则是这样的一个派系,即其成员或者直接相连(距离为 1),或者通过一个共同邻点间接相连(距离为 2)。

当然,在分析中使用的 n 的值由研究者决定,n 越大,对派系成员限制的标准就越松散(参见图 6.11)。例如,一个 3-派系就是比 2-派系松散的群体。n 可能取的最大值要比图中点的总数少 1。然而,在实践中,大多数大的关联图都可加入到一个 n-派系之中,并且这里的 n 可以远远小于最大值。

图 6.11 规模为 4 的 n-派系

n-派系可以通过相对简单的矩阵操作方法区分出来,在许多数据表程序(spreadsheet)中都有这种方法。例如,计算邻接矩阵的二次幂,就得到一个途径距离矩阵。邻接矩阵的平方表示了所有距离为 2 的关系,三次方表示所有距离为 3 的关系,以此类推。然而,矩阵乘积是一种效率低的派系探查方法,诸如 UCINET 和 PAJEK 这样的多数专业网络分析软件利用另外一种程序,它是在分析成分时所使用的回溯程序的一种变体。也可以分析多值图中的 n-派系,方法与前一部分所讨论的一样,也要利用一种切割标准。对于 n 的每一个层次值来说,这种分析就会产生一系列嵌套派系:嵌套 2-派系,嵌套 3-派系等。在 UCINET 中,可利用 NETWORK > SUBGROUPS > CLIQUE 菜单轻松计算出各个派系,在 PAJEK 中,派系的计算稍微复杂一些(参见 De Nooy et al., 2005:74-7)。

n-派系思想在应用方面有两个严重局限。首先并且最重要的是,当 n 大于 2 的时候,很难给它以社会学解释。距离为 2 的关系可以直接解释为那些有共同邻点的人之间的关系,该邻点可以起到中间人或者掮客等的作用,占据结构洞的中间位置。然而,长度大于 2 的途径则包括比较疏远的弱关系。尽管比较长的弱关系链可能对网络的总体结构非常重要,如格拉诺维特和"小世界"分析者(small world analysts)所指出的那样,然而它们对于派系的定义的适用性是什么,这一点根本就不清晰。一谈到派系,就要求有相对紧密的关系。因此,很难为 n 大于 2 的 n-派系分析进行辩护。

派系概念在应用方面的另一个局限是存在如下事实:n-派系的一些途径中的中介点本身可能不是派系的成员。例如,图 6.12 中(1)的点 A、B、C、D、E 形成了一个 2-派系,但是,连接 D 和 E 的长度为 2 的

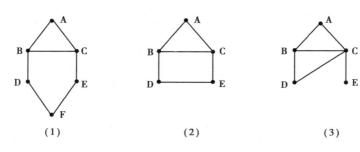

图 6.12 子图和 2-派系

途径要经过点 F,而点 F 却不是该 2-派系的成员。派系的"直径"(即其成员之间最长距离之长度)可能比用来定义 n-派系的 n 长。这样,点集{A、B、C、D、E}由一个 2-派系构成,但是它的直径却是 3。阿尔巴(Alba,1973,1982)和莫肯(Mokken,1974)都提出了这个问题,并对 n-派系思想进行了推广。莫肯认为,应该再提出一个有用的概念,把 n-派系的直径限定为 n。也就是说,假设研究者用距离为 2 来确定派系的成员,同时也要求派系的直径不大于 2。他称这一概念为 n-宗派(n-clan)。图 6.12 中的(2)和(3)是 2-宗派,而(1)不是。[23]

针对派系基本思想的另一个推广是塞德曼和福斯特(Seidman and Foster,1978)提出来的 k-丛(k-plex)观念。n-派系概念涉及增加用来界定派系的可允许的途径长度,而 k-丛概念则关注减少每个点所指向的其他关联点的个数。这样,一个 k-丛中的点以距离 1 相连,但是,并不是所有点都相互关联。一个 k-丛就是满足如下条件的一系列点,即其中每个点都与除了 k 个点之外的其他点直接相连。[24]这样,如果 $k=1$,1-丛就等于 1-派系,即最大的完全子图。1-丛中的每一个成员都与其他 $n-1$ 个点相连。当 $k=2$ 的时候,2-丛中的所有点都至少与 $n-2$ 个其他点相连,但是 2-丛可以不是 2-派系。在图 6.13 中,(1)是一个 3-派系,因为所有对点(pairs of points)之间的距离都不大于 3。然而,它却不是一个 3-丛,因为点 A、C、E、F 中的每一个点连接的其他成员都少于 3 个。图(2)则既是一个 3-派系,也是一个 3-丛。[25]

在分析 k-丛时有一个重要方面需要考虑,即研究者如何确定一个丛可以接受的最小规模。特别是 k 值越大,应该导致可以接受的 k-丛

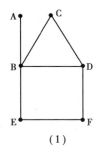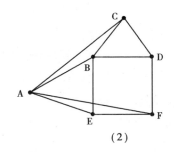

图 6.13 一个 3-派系和 3-丛

规模的临界值（cut-off threshold）越大。当 k 取值较低时，k-丛可以相对较小，但是，k 值增大将会产生无用的结果，除非增加可以接受的 k-丛的最小规模值。其原因在于，k 值高的小型子图将是凝聚力较小的子图。如果进行粗略估计，那么一个可以接受的 k-丛的最小规模应该是 $k+2$。不管怎样，k-丛这个概念（被认为是基本派系思想的推广）似乎比 n-派系更能体现凝聚力思想，当 n 取值大于 2 的时候更是如此。[26]与 n-派系和成分的情况类似，k-丛的基本思想也可扩展到多值图，这还要用切割标准（slicing criterion）来分析"嵌套的 k-丛"（nested k-plexes）。在 UCINET 中，k-丛的基本分析可利用 NETWORK > SUBGROUPS > k-PLEX 菜单。

除了最小图之外，在任何图中，构成图的各种 k-派系和 k-丛都有大量的重叠。派系分析（既包括 n-派系，也包括 k-丛）趋于产生一长串重叠的派系，这些结果难以解释。一个相对密集的网络常常由大量互相重叠的派系构成，许多点都是大量不同派系的成员。例如，一个包含 20 个点的密集网络可能含有大约 2 000 个重叠的派系。在这些情况下，派系之间重叠的密度可能比派系本身的构成更有意义。因此，阿尔巴（Alba,1982）指出，社会网络分析者应该应用那些明确体现出这种重叠事实的概念。在卡杜申（Kadushin）和穆尔（Moore）（Kadushin,1966,1968；Alba and Kadushin, 1976；Alba and Moore, 1978）的研究基础上，他认为，"社会圈"（social circle）这个概念可用来抓住社会网络的重要结构特征。

这个观念是卡杜申根据齐美尔（Simmel,1908）的最初洞见提出来的,后者最早提出了"社会圈交叉"(intersection of social circles)的重要性。一个社会圈的凝聚性不建立在其成员的'面对面'接触之上,而是建立在将人们连在一起的短的间接关系链之上。社会圈从互动中出现,可能不被其参与者注意到,因为其边界仅仅是由这些间接关系的分支松散地界定的。

阿尔巴的贡献在于他用社会计量学术语对"圈"这个观念进行了形式化处理,处理方法是将这个概念与其他图论概念联系起来。他的基本论证是,如果重叠的派系拥有一定比例的公共成员,它们就可以组合在一起成为一个"圈子"。阿尔巴建议,最恰当的程序就是应用"滚雪球"法,这样,派系就会集结成为越来越大的松散的圈子。在分析圈子的时候,第一步是确定规模为 3 的一些 1-派系(三人组),然后将那些只有一个成员不同的派系合并到一个圈子中。换句话说,确定圈子的初始标准是,如果派系的 2/3 的成员完全相同,就把这些派系合并为一个圈子。这样,第一步分析的结果可能是一个或者多个圈子、一系列独立的派系和孤立点。第二步,剩余的派系可能合并到另外一些与之重叠层次较低的圈子当中。阿尔巴建议,在这一步中有 1/3 的重叠就可以。这种组合的结果将产生一个大圈或者被联系不很紧密的派系和点包围的一系列小圈子。图 6.14 表示了一个简化的社

116

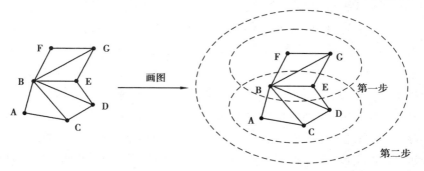

1-派系:{A、B、C}{B、C、D}{B、D、E}{B、F、G}{B、G、E}
第一步产生的圈子:{A、B、C、D、E}{B、F、G、E}
第二步产生的圈子:{A、B、C、D、E、F、G}

图 6.14　互相交叉的社会圈子

会圈分析。第一步分析出来两个圈子,但是它们在第二步合并在一个圈子中。与许多图论程序一样,有很重要的一点需要指出,即选择什么样的重叠水平作为标准,这是没有定论的。阿尔巴建议的重叠水平是在常识性的数学基础上选择的,研究者必须清醒地知道,他的建议在特定的应用中是否有意义。

因此,对圈子的测量需要将派系的重叠程度看成是派系之间距离的一种测度。在这种分析程序中,用来分析派系(如 *n*-派系或 *k*-丛)的特殊方法几乎用不上,因为在组合的过程中这些程序之间的细微差异迅速消失。在实际中,最后组合的很多圈子很少受到最初用到的派系检测方法的影响。[27]

117

成分和引文圈

上文介绍的各类网络分解测度可通过科学社会学研究加以展示,因为其中用到了交往、合作和引用的数据。在诸多利用了科学家之间的交流网络的研究成果中, 克兰(Crane, 1972)的《无形学院》①(*invisible college*)是最早的成果之一,她用这种观念来解释科学知识的增长。克兰的著作使用了问卷,获得了关于农村社会学家之间的交流和影响模式方面的信息。她分析了诸如合作发表论文,在专业研究领域提供建议这样的现象。她尤其关注如何勾勒出在该研究领域中合作者的无形学院的规模和重要性,但是她很少使用社会计量学概念来揭示其内在结构。马林斯(Mullins,1973)则接受另一种策略。他关注理论社会学中的研究成果,试图揭示专家中存在的子群体。他利用关于教育、职位任命以及合作方面的资料构建了社群图,展示了结构功能主义理论、小群体理论、因果理论和大量其他领域的理论中的社会关系。[28]不幸的是,这些研究专业之间的界限本身不来源于社会计量学

---

① "无形学院"这个词是英国著名科学家波义耳在 1646 年左右提出来的,指的是英国皇家学会的前身——由近十名杰出的科学家组成的非正式小群体。300 多年以后,美国科学家普赖斯(Derek Price)在其《小科学、大科学》(1963)一书中首次把非正式的交流群体称为"无形学院"。——译者注

分析,因此,马林斯的研究工作很少在理论社会学中给出成分和派系的总体结构的信息。

有一项有趣的研究来自加特雷尔(Gattrell,1984a,b)。他利用严格的社会计量学思路来发现科学中的网络结构。加特雷尔利用 Q-分析技术(参见第 17 条注释)来揭示所研究的群体中的成分结构。这里无须讨论这种复杂程序的细节,因为加特雷尔只是用它来建构一种嵌套的成分模型,并且他的观点可以很容易地翻译为本章的术语。[29]加特雷尔搜索了从 1960 到 1978 年发表的地理学领域在空间模型研究方面的重要论文。他把这些论文看成是研究总体,从它们的参考文献和注释中建构了一种引用关系网。例如,只要论文 B 的作者引用了论文 A 的作者,就说在二者之间存在一条线,这里允许用多元引用关系来建构多值的数据。加特雷尔也考虑关系的方向,视这种关系为从 B 指向 A 的引用关系,表明后者感觉到对前者有影响。因此,这些引用数据可用来构建一个二值有向矩阵。他根据发表的时间顺序对矩阵的行和列进行排序,因此很容易看出引用模式的明显转变。例如,如果作者们只引用近期发表的文献,矩阵中的各个"1"项就与对角线接近。

118 "1"项的分布越分散,引用的时间也越分散。加特雷尔将任何围绕着对角线的聚类视为支持了普赖斯(Price,1965)的假设,即在引文方面存在着"即时效应"(immediacy effect),但是他的数据没有支持该观念。

加特雷尔的论文的主要目的是考察引文数据的成分结构,他针对初始阵进行了两种分析。首先,他分析了被引论文邻接矩阵(初始矩阵的各行)的结构;其次,他分析了原文(各列)的邻接结构。如果两篇被引的论文出现在同一篇论文的引文中,则称这两篇论文之间存在一个关系,成分就是由一系列论文构成的,这些论文通过一个持续的此类关系链联在一起。[30]如果两篇被引论文共享的引用论文多于一篇,它们就以高层次的多元度关联在一起,此时可以研究在各个层次多元度基础上的嵌套成分。

加特雷尔发现,在最低层次上,49% 的论文形成单个大成分。然而在多元度为 6 的时候,成分降低到 7 篇论文。该成分中的这 7 篇论文形成网络的核,它是一个上文介绍的 6m-核。在该群体的中心是两篇被引用率高的论文,即赫德森(Hudson,1969)和彼得森(Petersen,1970)。赫德森的论文被引 17 次,彼得森的论文被引 15 次,但是只有 8 篇引文是共同的。这样看来,赫德森和彼得森形成了一个多元度为 8、规模为 2 的成分(根据 Cattrell,1984b:447 页计算得出)。加特雷尔的结论是:

> "总的图景是……一小群引用率高的论文,其他论文以较低的多元度与这些论文相关联。一个小的论文成分关注出现的等级扩散,其他论文由于被某些引用原创性论文的文献所引用,因而也加入这个核心之中。"(Cattrell,1984b:448)

对引用模式的嵌套成分的分析凸显了"明星"被引论文,以及在它们的星级评价上有多大程度的共识。如此看来,对成分及其核心的分析允许人们探究科学研究中的影响结构,这种探究指向科学派系和科学界在促进特定的观念和路数在专业领域的增长方面扮演的重要角色。

引文关系只是科学研究中的联络的一种形式,它与影响息息相关,合作关系则指向了科学生产过程中的共享关系(collegial relations),但是,二者之间有一定的关系:研究发现,多作者的论文的被引率一般高于独立作者论文(Beaver,2004)。在纽曼(Newman,2001)对生物医学、物理学、计算机科学的研究中,他发现这些学科中的子领域在合作网络中都存在一个非常大的成分,一般包括所有论文作者的 80% ~ 90%。在人文学科,独立作者论文占多数,专业分化更碎片化。

对引文和合作的研究告诉我们大量科学专业的社会结构方面的信息。然而,在一篇述评性的文章中,霍华德·怀特(White,2011)认为不能用它们来展示个体、院系的生产性、质量或影响,并且它们一点也不能代替同行评审(peer-review)(也可参见 Hicks,2009)。

注释

1 这是所谓的"小世界"现象的含义之一。参见米尔格拉姆(Milgram,1967),埃里克森(Erickson,1978),林南等(Linnan et al.,1978),基尔沃斯和伯纳德

（Kilworth and Bernard,1979）的论述。

2 这种"块"观念建立在图论的早期应用的基础上,但是与其近期的用法不同。

3 当一个"结群"只由一条线连接的两个点组成时,这两个点可能是其他"结群"的成员,这条线被称为"结群"之间的"桥"。这种"桥"观点与埃弗里特的观点不同,也不同于上一章讨论的由施瓦茨及其同事介绍的观点。在社会网络分析中存在的不幸事实是,一些词语经常被矛盾性地用来描述不同的概念。

4 埃弗里特（Everett,1982）指出,他研究"分块"的方法与结构对等性分析中使用的方法相似。事实上,这些程序是完全不同的,必须区分开来。下一章将讨论结构对等性。

5 与区分途径的过程一样,其中会存在大量相同的环,这取决于哪一个点作为所命名的环的开始点。在计算一个图中的环数的时候,必须认识到这种双重计算的存在。因此,在后文中,笔者一般将不会对相同的环作出区分,而是只根据一个任意选择的开始点给它们命名。例如图6.2的社群图（1）中只有3个不同的环:ABCDA、ABDA和BCDB。

6 埃弗里特宣称,他关于"桥"的概念类似于格兰诺维特（Granovetter,1973）的桥概念,后者用该概念来描述那些把各个子群"强烈地"连在一起的一些"弱"关系。

7 应当注意到,一个环成分中的所有点对都通过一个环连在一起,尽管这些环的长度要比用来定义环成分的环要长。例如,在图6.2中,环成分{E,F,G,H,I,J}是根据一个4-环构建起来的,但是,如点E和F这样的点只通过一个长度为6的环连接到一起。

8 这一点很重要,因为在无向图中的环必须至少连接3个点。因此,二方组永远不会是一个环成分。

9 只要这种分析能够区分出单独一个大成分,埃弗里特建议运用更进一步的特定程序来分解图的结构。例如,他认为可以只考虑双向线（即A向B发出一条线,B也向A发出一条线）。这些是图中最强的线,他指出,只分析这些线就可以确定出该图的最强的结构特征。这一过程在UCINET中是通过把有向（不对称的）矩阵当作无向矩阵读取来完成的。该程序对全部非互惠的线都不予考虑。

10 "嵌套成分"这一术语是由格宁根（Groningen）的GRADAP小组首次引入到一个特定程序中的,但它有着很广泛的用途。

11 虽然"二值化"（dichotomizing）是在UCINET中使用的术语,"切分"（slicing）却是程序中涉及的最具有描述性的术语。埃弗里特将这一步骤称为"压缩"(compression)。

12 在此,笔者试图以如下方式来推广塞德曼(Seidman,1983)的"核"概念,即这个一般性概念不再用塞德曼的 k 参数来定义。下文将讨论这一点。

13 在这个程序中,测量某点的度数只能根据该点与核心部分的其他成员(而不是整个图)之间的关系。注意到这一点很重要。

14 我将在下一节考察凝聚子群本身。塞德曼特别指出他的 k-核概念化与格兰诺维特(Granovetter,1973)关于弱关系的研究有相似之处。

15 注意,尽管最小度数(k)只针对核心中的点来计算,消失之点所占比例却依赖于整个图的总点数。这确保了该向量在一定程度上是根据图的规模调整得到的标准化向量。

16 与塞德曼的 k-核观念相对应,我引入了 m-核这个术语。该术语的优点在于,它也在成分本身和构成成分的核心之间作出明确的区分。这些 m-核的未道明的应用体现在(Scott and Hughes,1980;Scott,1986)之中,是在多线网络情景下使用的。

17 我所谓的 m-核是阿特金(Atkin)的 Q-分析方法的基础,该方法是作为图论的备选项发展而来的。在 Q-分析中可以建构一个 Q-接近度(Q-nearness)矩阵,令人迷惑的是,两个点的 Q-接近度等于连接这两点的线的多元度减去一。因此,如果一个成分中各点都相互以 2 步-接近,该成分就对应于一个 $3m$-核(参见 Atkin,1974,1997,1981;Doreian,1980,1981,1983;Beaumont and Gattrell,1982)。Q-分析法的应用在斯科特(Scott,1986)的附录中有讨论。

18 用本章引入的术语来说,这些将是 k-环的 m-核(k-cyclic m-cores),其中 k 是环长,m 是多元度(multiplicity)。

19 一对关联点只有在平常意义上才是一个派系,而且派系分析通常只关注规模不小于 3 的派系。

20 在确定密度计算中所有可能的总线数时,需要一个公式将点数和线数连接在一起,该公式是 $n(n-1)/2$,其中 n 代表点数。它界定了所谓的"三角形数"序列。

21 事实上,许多派系检测程序一般不能对有向图进行操作。强、弱派系这两个术语是我个人的创造,是为了与强、弱成分之间的区别相对应而设计出来的。

22 在 1940、1950 年代,之所以放宽严格意义上的派系成员这个观念,另一个理由在于很难发现能够高效地确定派系成员的运算法则。现在,越来越多的数学知识和计算上的进步已经破除了这个障碍。

23 在 UCINET 中有一项区分 n-宗派的技术。莫肯(Mokken,1974)也引入了

"n-会社"(n-club)的概念,它是一个直径最大为 n 的成分。虽然很少有人尝试进行该方向的研究,我们仍然可以把它看成是对简单成分这种观念的有益推广。要注意,弱成分既是一个 n-宗派,也是一个 n-会社,其中 n 值要足够大以便连接最大数量的点。

24 k-丛(k-plex)概念是沿着与 k-核相似的思路构建的,k-丛也是塞德曼提出来的,这两个概念都以度数为基础。不幸的是,在这两个概念中字母 k 的含义不同。在 k-核中,k 是核中点的最小度数值;而在 k-丛中,k 值是不需要与一个点连接的点数。

25 事实上,图(2)是一个 2-派系,而不仅仅是 3-派系。

26 塞德曼和福斯特(Seidman and Foster)根据莫肯关于限制子图直径的建议提出了另一个概念。他们推广了 k-丛的观点,界定了他们所说的"直径为 n 的 k-丛"(diameter-n k-plex)。它被界定为一组点,其中每个点至少以不大于 n 的距离与至少其他 k-1 个点相连。特别是,"直径为 2 的 k-丛"概念似乎是对派系概念的一个非常有益的扩展。不幸的是,k 测度又是在不同的意义上使用的,因此在比较时必须谨慎(参见 Seidman and Foster,1978:69-70)。

27 通常情况下,对环的鉴别可以看作是一种特殊的聚类方法。但在本书中我对聚类作出如下限定,即聚类指的是通过特殊的层次方法发现的子图。环、派系、丛都在点与点之间的相互关联程度基础上对点进行分组,而层次聚类法则考察它们与网络其他点的整体关系模式。在此意义上,层次聚类法与结构对等性的鉴别高度相关,下一章将讨论结构对等性。

28 马林斯(Mullins,1973)书中第 10 章是对社会网络分析者的研究。它包含一个数据矩阵,但不包括社群图。

29 事实上,加特雷尔(Gattrell)超越了这一点,但我不想在此纠缠这些问题。感兴趣的读者可以参考博蒙特和加特雷尔(Beaumont and Gattrell,1982)的研究并阅读加特雷尔的研究成果。

30 加特雷尔并没有分析派系,这并不意味着每一篇论文都与成分中的其他论文直接相连。数据只显示了一条关系链条的存在。注意到这一点很重要。

7

位置、集合和聚类

到目前为止,本书讨论的网络概念主要关注的是行动者之间的直接和间接联系的模式、凝聚性的社会群体的形成,以及这些模式对有关之人的行动的影响等。然而,除了分析行动者及其关系之外,我在许多地方也触及了"位置"(positions)分析。例如,沃纳和伦特(Warner and Lunt, 1942)试图从经验上考察社会结构中的位置形成,纳德尔(Nadel, 1957)也坚持对社会角色进行结构分析。现在,学者们的洞见已经从群体的形成转向"结构对等性"(structural equivalence)观念。这个概念涉及由特定类别的行动者维持的社会关系的一般类型。社会位置被一些行动者占据,就他们之间的关系来说,这些行动者可以"相互替代"(Sailer, 1978; Burt, 1982)。他们在某些重要方面可以互换。这种位置只有在特定的关系上将特定的行动者联系在一起的时候,才说它们是明显的,但是不能将它们还原在这些具体的关系上。

两个人可能与完全不同的其他人都有直接的关系,然而他们与这些人之间关系的类型很可能相同。例如,两位父亲都有不同的孩子集合,但是在某些方面,可以认为他们对待孩子都表现出相同的"父爱"。也就是说,这两个人相互在"结构上对等":他们占据相同的社会位置——即父亲,就对"父亲"进行社会学分析而言,他们的角色可以互换。

因此,结构对等观念背后的思想是确定与持续的社会位置相关的行动的一致性。一旦确定了网络中的社会位置,就可以探讨各个位置之间的关系。例如,父亲、母亲、孩子和兄弟姐妹之间的关系形成的家庭关系构成了亲属关系的结构。这里涉及了超出图论原则,走向了对集合论的代数模型的思考。

点的结构对等性

初看起来,结构对等性分析无非就是对社会角色的分析。两位父亲的例子表明,结构对等性的最明显的例子的确产生于占据制度化角色的个案。一个明确的、制度化角色的占据者是由在结构上对等的一些能动者构成的:他们与相同的他者之间的行事关系是相同的。然而,也有某些行动的结构一致性,它们既没有得到文化上的认知,也没有在社会界定的角色上被识别(Scott,1911b:第 6 章)。某些能动者相对于他者来说可能占据一个独特的位置,表现出相同的行为方式,尽管各类参与者可能没有认识到这一点。确实,这可能是新角色出现的方式之一:新形式的行动得以产生,远在人们开始认识到正在发生之事并赋予其一个名称之前,或多或少得到明确界定的各类行动者之间的关系就开始结晶化。在这个意义上,确定在结构上对等的行动者类别就可能成为区分正在各种凸显的角色的一个基础。

因此,重要的是,结构对等性概念可应用于社会位置本身,而不仅仅应用于角色或者元角色(proto-roles)。例如,一个社会阶级恰恰可以根据这些术语进行界定:它是在经济资源的分布方面占据对等位置的一群人,相对于其他阶级的成员来说,该阶级拥有在结构上对等的既定的利益和生活机会。

所有对结构对等的正式讨论都始于洛兰和怀特(Lorrain and White,1971)的名篇。他们根据在网络中的行动的互换性来界定结构对等的行动者,认为这样的行动者有相同的经验或机会(Friedkin,1984;Burt,1987;Mizruchi,1993)。洛兰和怀特的文章把图论的一些局限描述成一个完整的网络结构模型,并在代数观念的基础上勾勒出一种互补的策略。他们的路数有两个明确的特点不同于其他社会网分析的路数。首先,所有点和关系都同时分析,而不将关注点仅定在连接这些点的特定线、途径和环上。其次,该路数并不应用邻接矩阵,但是要对初始发生矩阵的行和列进行联合分析。例如,人们及其所在的组织可以放在一起分析,而不是单独分析。

根据洛兰和怀特的研究,通过将各个点聚集到一个更大的点集之中,一个网络中各种关系的总体模式就可以转换为由各个结构对等的位置构成的系统。相对于在构成这些集合的各个能动者之间存在大量的具体关系而言,这种结构对等系统的内在结构更清晰地体现在这些点集之间的关系上。图 7.1 展示了洛兰和怀特的观点,即把一个复杂网络"还原"为"块模型"或者"像矩阵"(image matrix)。初始发生矩阵中的点用一种聚类分析法进行重排,可以形成在结构上对等的一系列像矩阵。例如,在图 7.1 中,集合 M1 由在结构上对等的行点构成,M2 由另一些结构上对等的行点构成,这两个集合在结构上不同。洛兰和怀特认为,一个网络的最基本特征往往明显出现在点集之间的关系中,并且这些关系的本质可通过像矩阵中的各个元素(即块)体现出来。怀特的大多数后续研究的目的都是探讨如何产生这种块模型。[1]

在最强的意义上,结构对等概念的含义是,一个集合的各个成员

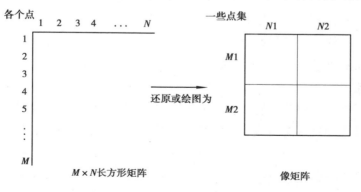

图 7.1　一个网络及其块模型

就其与网络中的其他成员之间的关系来说是相互等同的。然而,这种强意义上的完全结构对等很难在现实中见到。因此,大多数结构对等的分析者认为,如果用结构对等性来研究现实的社会网络,那么标准应该降低。也就是说,研究的目的不是搜索那些在其社会关系上完全对等的能动者,而是把足够相似的行动者看成在结构上对等。不管选择何种相似性标准,研究者必须确定一个临界值,在此值之上的行动者被看成是充分相似的,因而可以相互"替代"。这种视角下的结构对等在现实情况下大有用途,尽管这里要涉及用有充分证据的临界水平来识别对等性。不同的结构对等性研究者之间的主要差异在于采用什么样的"相似性"(similarity)测度,采取什么聚类方法把点分成小组以及界定群体界限的方法等。在下一部分中,我将简要回顾现有的聚类分析法,并将极细致地阐述两种特定的结构对等性研究。然后,我会再次回到聚类方法的选择上来,还要通过考虑一些替代性的研究方法来考察"相似性"测度。

123

聚类:合并和分解诸点

"聚类"(cluster)和"派系"这两个词经常互换使用,在早期的老城(Old city)和扬基城(Yankee city)研究中,人们对社会计量学中"派系"概念的讨论就是这样。即使方法论评论者(参见 Lankford,1974)也没有区分这两个概念。然而,上一章已经指出,派系这个概念的社会计量学定义是很严格的,从中可引申出一系列相关的概念。同样,聚类这个概念也需要作为一个独立的、非常独特的理念加以明确地界定。

在社会网络分析中,聚类是这样的一系列点,即他们在某个关系性质方面被认为类似。"相似"是一个相对的词汇,点与点之间的相似性可大可小。因此,可以将点分组成为相似性各异的多个嵌套集合。图7.2展示了这一点,其中有8个随机安排的点集合,A和H根据他们的相似性组合在一起。各个点的组合构成了一个树形图(dendrogram)或树状图(tree diagram)。该图表明,在第一个层次上,

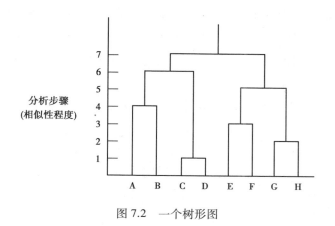

图 7.2 一个树形图

点 C 和点 D 被连成一个聚类,二者可视为最相似的点。第二层次将点 G 和点 H 连接,第三层次把 E 和 F 连在一起,第四层次连接 A 和 B。如果分析到此结束,就分出四个聚类。如果继续分析到第五层次,会将点 E、F、G、H 识别成一个聚类的成员。同样,点 A,B,C 和 D 在第六层次是被聚在一起的。最后,在第七层次上,所有点都聚合到同一个聚类之中。因此,在任何研究中汇报的聚类的数量和成分都取决于分析停止在哪个层次。

124

聚类分析方法主要有两类:"组合式聚类"(the agglomerative)和"分解式聚类"(divisive)(Bailey,1976;Everitt,1974)。前者将点逐步组合在一起,后者将大的点集合逐步分解。每个方法都具有等级性,因为小聚类可以嵌入大聚类之中,但是这两种方法中用来构建聚类等级的原则是不同的。上文的讨论是根据组合式模型表述的,在这种模型中,单个点逐渐组合到越来越大的点集当中。各个点要根据其结构相似性相互比较,将最相似的点分在一组。组合式模型可以采取"单关联"(single linkage)或"完全关联"(complete linkage)的形式(Johnson,1976)。在单关联模式中,将各个最相似的点聚成一类。最初,两个最接近的点组成一个聚类,然后逐渐融入比较不相似的点和聚类之中。完全关联方法遵循同样的思路,但是在测量两个聚类的相似性程度的时候,该方法根据的不是它们之间的最相似程度,而是最不相似的程度。[2]单关联方法趋于把各个点"连接"到现存的聚类之中,而完全关联法容易在分析的早期阶段产生新的聚类。因此,单关联法不易于发现紧密的、同质性的聚类,而完全关联法却可以。单关联法在强调聚类之间的联系的过程中,可能会掩饰网络中存在的重要分派(divisions)(Alba,1982:55-56)。

在这两种组合式聚类分析方法中,分析者需要确定用来区分聚类的相似性层次是多大。在一个关联图中,所有点最终都会融合到单个聚类之中,所以,识别出来的聚类的数量和规模取决于所选择的临界值(cut-off threshold)。可想而知,与社会网络分析的许多领域一样,选择什么样的临界值需要由研究者作出有根据的判断,尽管有某些拟合优度测度可作为辅助。

分解式或分区式的聚类思路则遵循相反的原则。这种思路开始于作为整体的一个图,视之为单个聚类,并随着不断降低的相似性水平来分解图。分解式聚类的方法有两种:单属性法(single attribute)和全属性法(all attribute)。单属性法开始于如下程序,即将占据某种特定指标(indicator)或值的点与不占据这种指标的点分开,根据是否占据这种指标将初始聚类一分为二。同理,在后续步骤中也遵循这种程序,将每个子聚类再二分。[3]因此,单属性程序是由一系列二分法组成的,其目的是产生互斥的点集。而在全属性法中,初始及后续的分解都要基于点集与图中所有其他点之间的平均相似性。

125　　在一个特定图中区分出来的聚类既依赖于所选择的方法,更取决于所选用的相似性测度。对于任何测量结构对等性的尝试来说,选择哪种相似性测度都是其基础工作。如果考察基于洛兰和怀特(Lorrain and White,1971)的著作之上的某种特定的进路,就会追溯到这句话的含义了。

用 CONCOR 建立块模型

怀特的两个学生布雷格(Breiger)和施瓦茨(Schwartz)沿着洛兰和怀特建议的思路,给出一种最简易可行的探查结构对等性的算法。他们独立地重新发现了麦奎迪(McQuitty,1968)首次提出的矩阵聚类法。[4]他们的算法称为 CONCOR，它指代迭代相关的收敛（CONvergence of iterated CORrelations），它用相关系数作为相似性测度。这是一个相当复杂烦琐的程序，尽管其一般原则是相当简单的，并且在 UCINET 中有此程序。CONCOR 算法的基础是个案和隶属项之间的社会计量邻接矩阵，可以分析邻接阵的行或列，或者同时分析行和列。对行进行多步分析可以探究个案之间的结构对等性，沿着所历经的各个步骤就可以理解该算法的一般逻辑。

分析的第一步是计算矩阵中全部个案对（all pairs of cases）之间的皮尔逊相关系数。两个拥有完全相同的隶属关系模式的个案之间的相关系数为+1，而拥有完全不同的隶属关系模式的个案之间的相关系数为−1。这些值形成了一个个案-个案相关系数方阵，可视之为一类特殊形式的邻接矩阵。第二步要运用一种聚类程序，该程序根据计算得到的相关系数把全部个案分成一些结构对等的点集。如果各行完全相关或者完全无关，分组就比较容易。相关系数矩阵中的所有值都将是+1 或−1，因而可利用一种强结构对等性标准把该矩阵分为两个点集。在这两个点集中，每个点集各自的内部完全相关，但两个点集之间没有任何联系。对于如图 2.6 所示的数据来说，这样的聚类是可能的。由于在现实数据中通常看不到此类聚类模式，所以，为了识别出由对等的点构成的"模糊"集合，就必须运用适用于更广范围相关系数值的聚类方法。

CONCOR 可以通过转换初始的相关系数值获得这种模糊聚类。这需要针对每一对个案，计算二者在相关系数矩阵中的值之间的相关系数。也就是说，需要计算各个相关系数值之间的相关系数，进而组成一个新的相关系数矩阵。这个过程一直重复下去，即计算相关系数的相关系数的相关系数，一直持续下去。最终会发现，这种重复计算得到的相关系数矩阵中的所有值都是 1 或者−1。因此，这种迭代的、重复的相关系数值会收敛到一种简单的模式，即行可以分裂为两个聚类，这与利用一个强结构对等标准产生的结果是一样的。计算得到的每个聚类都由一系列结构对等的个案构成。

利用完全相同的方法，可以再将两个聚类细分成更小的构成成

126

分。为了做到这一点,算法需要回到初始值矩阵,把它分成两个独立的矩阵,每个都对应着已经识别出来的聚类。在第一轮迭代中,把在一个聚类中的各个行成员性质转变为相关系数,再计算相关系数的相关系数,一直这样持续下去,直到每个聚类中产生了+1 和−1 项模式。此时可以再对聚类进行分解,整个程序也再重复一遍。只要研究者愿意,这种聚类的分解和再分解的方式可以持续下去,尽管聚类的数量越大,对最终结论的解释就越难。[5]

　　虽然研究者必须主观地决定何时结束聚类的分区和再分区,不过每一步骤中都会出现+1 和−1 值模式,毫无疑问,这确实意味着接近确定结构对等的强标准。对每个个案的分区只依赖于在最后矩阵中产生的实际值。[6]不幸的是,这个模式出现的原因仍然很不明确。这意味着,在 CONCOR 算法中坚持的是一个未明示的,在一定程度上模糊的聚类原则。正是这种算法本身出于不很清晰的理由才把原始数据转换成结构对等的各类。这使得社会研究者难以判断该方法的诸多假定是否适用于特定类型的数据。该方法似乎可用,也能够产生有益的数据,但是其道理何在仍然不明确。

　　同样,这种分解成各个聚类的过程也可以针对初始发生阵的列重复进行,这会产生由各种隶属项构成的独立的分组。如果个案代表个体,隶属项指代这些个体所隶属的组织,那么对组织进行分区的意思就是根据招募模式的相似性对这些组织进行聚类分析。对于初始发生矩阵的行和列来说,CONCOR 会产生一个等级式的分区,即将矩阵分成离散、互斥、完备的各个结构对等的聚类(Knoke and Kuklinski, 1982:73)。

　　用这些方法识别的聚类可构建成如图 7.1 所示的一类重排的像矩阵(rearranged image matrices)。可以为个案的邻接矩阵或隶属项的邻接矩阵建立一个像矩阵方阵。在像矩阵中,每个单元都称为“块”(blocks),它们包含每一对集合之间的关系密度值。如果所有的密度值是 1 或 0,关系模式就是清晰明了的。“0-块”(zero-blocks)(密度值为 0 的一些单元)代表网络的“洞”(holes),即完全不存在关系;密度为 1 的单元的分布展示了网络的基本结构。这种密度模式很少发生在真实数据之中,因此,一种块模型必须把实际的密度值范围转换成高、低这两类,以便接近 1-块(1-blocks)和 0-块(zero-blocks)。在像矩阵中,高密度值(即大于某个特定临界值的值)用 1 表示,低密度值用 0 表示。在界定高密度块的时候,最常用的方法是把整个矩阵的平均密度值当作切割点:大于或者等于这个平均值者就是"高"值,而低于此值者就是"低"值。但是,与网络分析中的许多程序一样,这个程序也需要研究者作出谨慎的选择,这个选择必须建立在理论或经验考量的基础上。我们不能仅凭某些纯粹形式的、数学原则来判定。弗里德金(Friedkin,1998:8)也反对把密度作为块结构测度的唯一标准。

完全相同的程序也可用于对行和列同时进行分析。CONCOR 会形成一个行聚类和一个列聚类,然后把这两个聚类结合到关于初始发生矩阵的一个单一像矩阵中。

一旦构建了一个块模型(这是一个像图,其各项只有 1 和 0),研究者必须试图解释它。对来自长方形发生阵的块模型的解释是相当困难的,而作为块模型的开创者,布雷格及其合作者也没有详细分析这些模型。在对邻接阵的最早分析中,布雷格、布尔曼和阿拉比(Breiger,Boorman and Arabie,1975)重新分析了戴维斯和他的同事于 1941 年收集到的美国远南地区(Deep South)的数据,该数据涉及 18 位女士参加的 14 起社会事件。[7] 为了分析这些数据,他们对行和列进行了独自的计算,然后把它们结合到如图 7.3 所示的一个块模型中。

由图可见,聚类 1 中的女性倾向于在聚类 B 的事件中谋面,聚类 2 中的女性倾向于参与聚类 A 中的事件。这两个女性聚类很接近于霍曼斯(Homans,1951)在分析初始数据时确认的两个派系,但布雷格等

	事件	
	A	B
女性 1	0	1
女性 2	1	0

图 7.3　一个简单的块模型

学者并没有超出这一洞察。虽然他们讨论过聚类的构成,但他们并未注意到像矩阵中块密度的模式。在同一篇文章中,他们也重新分析莱文(Levine,1972)的有关银行和公司之间关系的长方形矩阵,但他们只是简单地将对行和列的单独分析与莱文的分析进行了比较。

　　块模型的发明者不能对发生阵进行详细分析,这表明在洛兰和怀特所期待的对行和列进行同时分析方面存在着一个根本困境。如果一个长方形的像矩阵很简单,它可以给出一个网络的初始的、纲要式的概览,但是,更详细的分析只能通过分别分析行和列来实现。如此看来,对一个发生阵来说,必须分别对构成它的两个邻接矩阵进行块模型的构建,这样才能分析该矩阵。在这些块模型中,对角线单元的 1 值对应着上一章讨论的派系或社会圈。其他单元表达的是构成图的各种派系和其他聚类之间是否存在联系。[8]

　　布雷格展示了如何在社会网络分析的一个核心领域中利用 CONCOR 的方法。他运用来自英国(Glass,1945)和美国(Blau and Duncan,1967;Featherman and Hauser,1978)的社会流动数据,建构了一个阶层结构模型,其中阶层被定义为在一个职位流动率矩阵中区分出来的职位集合(Breiger,1981,1982)。他视之为对韦伯(Weber,1920-21)的如下命题的扩展,即"只有当阶层内部个体的流动机会以诸如能够产生共同的社会互换关系的形式聚在一起的时候,社会阶层结构才能存在(Breiger,1982:18;同样参见 Scott,1996:第 2 章)。他建议,CONCOR 可用来界定阶层的范围。布雷格用的数据是成年男性的代际流动矩阵,其中一个是美国的 17×17 职业类型有向矩阵,另外一个是英国的 8×8 有向矩阵。在每个矩阵中,单元格中包含了从一类职业转向另一类职业的数量,行表示"起点",列表示"终点"。布雷格(Breiger,1981)总结到,对于美国数据来说,在 1962—1973 年 8 个阶层存在着稳定的结构,而对于英国数据,他的结论是早期的数据(1949年左右)反映了三阶层结构。在英国,核心阶层(central class)的边界把体力劳动和非体力劳动分开,工薪阶层也将"中产阶级"与低层次的文书与行政工作阶层分开。

　　到目前为止,最早利用块模型进行分析的矩阵是有向数据的邻接矩阵,其行表示关系的"发出者",列表示"接受者"。用来解释这种数据的一个有用的手段便是构建聚类之间关系的箭头图(arrow diagrams)。图7.4中的矩阵可以说明这点,该图展示的是假定的权力关系数据。[9]在这些矩阵中,权力关系是从行指向列的。例如,初始阵中的行值展示的是某个特定的行动者向哪些他者行使权力。相反,列项展示了在一个权力关系中,一个特定的能动者接受到哪些行动者行使的权力。在块模型中,既根据使用权力也根据接受权力来聚类,"像矩阵"中的"1"和"0"项即表达了聚类之间的权力关系密度值。

130

在图7.4的模型(1)中,聚类1的成员相互行使权力,也向聚类2的成员运用权力。这一点可以在有关的块中的"1"值得到展示。然而,毫无疑问,聚类2中的成员没有权力可以行使,相对于聚类1成员的权力来说完全处于从属地位。这个结构汇总在相应的箭头图中。

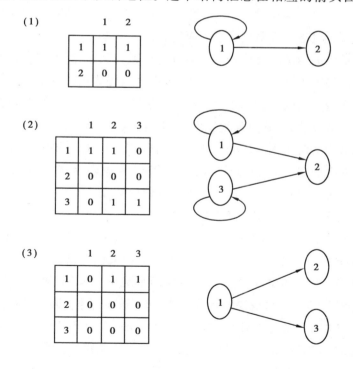

图7.4 等级块模型

另外,模型(2)中有两个独立的、自我控制的类别(聚类1和聚类3),这些聚类中的成员共同对聚类2的成员施加权力。最后,在模型(3)中,聚类1既控制聚类2,又控制聚类3,但是聚类1的成员之间很少相互行使权力——聚类1的每个成员都是相对自主的能动者。

　　除了最简单的一些个案之外,无向矩阵是很难解释的,因为没有任何方向的关系意味着不可能建构箭头图来表示它们的结构。有关这方面的分析成果很少见,如果要展示块模型的价值,就应该在各类复杂的真实数据库中运用块模型,这才是重要的。[10]

　　笔者已经指出,CONCOR算法的一个基本问题是我们不能确切地知道其解如何产生。相关系数矩阵为什么会收敛于1与0的分布,其数学原因仍然不明确,因此,对结果的效度难以评定。这看上去似乎是一个诅咒性的批判,但事实是它确实起作用了,并且似乎产生了可信的小社会网络模型,这在一定程度上补偿了这个批评。然而,还有一个困难更进一步限制了它的应用性:CONCOR只有在一个图的成分和子群体的内部才能识别结构对等的位置。例如,如果权力关系被分割到网络的不同成分之中,CONCOR就无法把那些在各个独立的成分中处于支配地位的行动者组成"占主导"的单独一类能动者。就CONCOR而言,占据支配地位的行动者的对等性被他们在社会计量意义上分成的各个独立成分所掩盖。同样,当一个成分被从内部分成一些相对独立的派系和圈子的时候,CONCOR就会有这样的倾向,即它只能区分出在每个子群体内部占支配地位的成员。

　　上述观点可通过图7.5加以展示,该图展示了这样一个网络,即A、B、C、D都是占据支配地位的能动者,在结构上是对等的,而E、F、G、H则是具有结构对等性的被支配者。如果该网络可以充分地聚类成为结构对等的位置,就应该区分出两个聚类{ABCD}和{EFGH}。然而,如果能动者被分成如图所示的两个不同的社会圈,那么CONCOR就会区分出四个聚类:{AB}{CD}{EF}和{GH}。由此必然得出结论,即CONCOR算法把结构对等性与传统的社会计量的关系测度结合起来,却不能对结构对等性进行彻底的分析。

　　CONCOR程序的这些局限促使罗纳德·伯特(Ronald Burt)提出

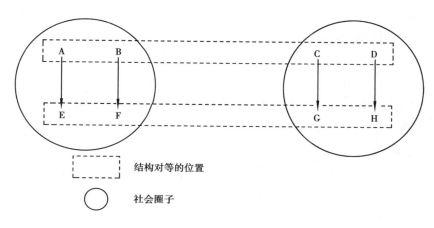

图 7.5 结构对等和社会圈子

另一种结构对等性路数,其目的是避免 CONCOR 方法对一些不确定的数学程序的依赖。无论从所利用的相似性测度,还是从聚类方法角度讲,伯特的思路都不同于 CONCOR。上文既然已经考察了 CONCOR 的细节,就很容易理解伯特的程序是如何运作的,也易于理解它在哪些方面对 CONCOR 进行了改进。[11]

伯特所用的相似性测度根据的是两点之间的途径距离。CONCOR 只根据直接联系来测量相似性,伯特的方法还考虑到途径距离为 2 或更大的间接联系,以便计算出所有点对之间的最小途径距离。伯特的途径距离测度也假定关系的强度会随着途径距离的增加而降低,也随着途径相对于能动者的总关系模式的重要性的降低而下降。这个测度建立在如下假设之上,即与大量他者有交往的能动者较少注意到距离他们较远的一些人。[12]因此,伯特运用的相似性测度是一种加权的距离测度。[13]

从严格意义上讲,结构对等的能动者之间的距离是 0。它们完全相似,可相互替代。伯特认识到这种强标准不能用到大多数现实的数据中,所以他认为应该识别弱对等性,这就需要利用一个临界距离值,低于此值的点即被认为是结构对等的(Burt,1980:101 页及以后)。伯特的方法针对距离矩阵运行一种等级聚类分析,这需要利用约翰逊(Johnson,1967)的组合式单一关联法(aggregative single linkage method），研究者可以根据所选择的临界距离值，对发现的聚类进行取舍。尽管 CONCOR 的武断性来自一种不明确的数学程序，伯特的武断性却有一个优势，即它建立在专业研究者的有见地的判断之上。

132 一旦利用伯特的程序产生了一个聚类，接下来就可以构建块模型。用来表达各个聚类之间关系密度的像矩阵是一个简化了的图，是对各个能动者之间的具体关系模式的一个同形化简（homomorphic reductions），伯特称之为一个"社会拓扑"（social topology）。如果利用整个网络的密度值作为临界值，用 1 或 0 来代替像矩阵中的各个密度值，得到的块模型就可以像在 CONCOR 分析中一样进行分析。

伯特认为，可以脱离严格的强结构对等测度，这意味着任何分析都必须只被看成是一个假设的模型。他认为，如果没有某种统计显著性检验，研究者就可以自由地选择任何临界值，从而使结果接近于他们的预想。显著性检验有助于在对块模型的评价中引入一定程度的无偏性和客观性。伯特推荐的检验涉及对每个聚类进行考察，以便测量聚类的每个成员与其他成员之间在多大程度上接近。他指出，最好的解决方法是对这种相关测度进行优化处理。[14]

CONCOR 仅考虑距离为 1 的途径，塞勒（Sailer, 1978）则提出一种程序，在程序中研究者可以选择途径的长度，并在此长度上计算一对点之间关系的相似性。塞勒将自己提出的测度简称为"可替代性"（substitutability），该测度的基础就是点的邻域。两个点之间的相似性程度用的是比例而非绝对值，即在一个特定距离长度的途径上，它们共享的关联点数再根据每个点的邻点进行标准化处理。诸多接触点之间的重叠程度要根据它们共享的关联数与每个点在该距离上的总关联数之比来衡量。因此，可以给每个点相对于其他点的相似性赋予一个标准化测度。如果关系完全重叠，产生的标准化值就是 1，如果完全没有重叠，其值就是 0。[15] 如在 CONCOR 程序中一样，塞勒把它仅仅看成是迭代的第一步。将相似性矩阵看成是对点的"可替代能力"的初始估计，该方法针对新的估计值集合重复计算，结果是收敛在一个解，其中全部值都是"1"或"0"。如此可见，用这种方法就可以产生用来分析的块模型。然而，塞勒的程序也不能克服 CONCOR 方法的主要缺陷,即它不能充分地处理那些可分为如图 7.5 所示的多个成分或紧致子群(tight subgroups)的网络(亦参见 Carrington and Heil,1981;Wu,1984)。

CONCOR 程序可能是得到最广泛应用的识别结构对等性的方法,除此之外还有大量的替代性方法。在 UCINET 中可以找到分析这些结构对等性和块模型的方法,也可以用 PAJEK 计算出来(参见 de Nooy et al.,2005:39 页及以后)。然而,它们很少应用于实际的数据,其长期的应用价值有待评估。

走向规则结构对等性

前文已经指出,对于那种可归为不同成分的数据来说,CONCOR 在处理时会面临困境。为了克服这种社会计量学意义上的缺陷,一个有趣的尝试是 REGE 算法,它致力于探查"规则"(regular)结构对等性。其定义是,如果一个网络的全部子群都是规则的,这样的对等性就是规则对等性(White and Reitz,1983;Winship and Mandel,1984;Reitz and White,1989)。从一个社会系统中的能动者扮演的角色或功能的角度讲,规则对等性这个概念和行动者的"可替代性"观点很接近。一个图中的某点如果与其他点有等同的关联(links),CONCOR 就认为这样的点在结构上对等,而如果一些点与那些本身具有结构对等性的点有相似的关系,REGE 就认为这些点是对等的。对于两个点和另外一个点集来说,如果两点中的一点与该点集的关系与另外一点与该点集的关系类似,则说这两个点相对于该点集来说是规则对等的。每个点及其对应点与同一个点集的关系完全相同,尽管这种关系不一定是与同一个点或与多个点之间的关系。这个观念可以用一个明显的事实来表述,即所有的父亲都和孩子有关系,但他们并不都是和同样的孩子有关系。因此,怀特和赖茨(Reitz)认为,由 REGE 产生的块模型是同形的化简(homomorphic reductions),但未必是对相应图的自同构化简(isomorphic reductions)。

REGE 的运作方式最好用一个有向矩阵来解释,尽管很难理解该程序的具体细节。该算法运用一种分区法,该方法关注的是有向关系,也关注与每一对点相连的其他邻接点。该程序首先要估计全部关联点对(pairs of connected points)之间的对等性取值。这些估计值最初全部设定为1,然后在每一轮计算中不断修正,这涉及根据每一对点的最小点入度和点出度值来计算各个修正的对等性取值。因此,在每一轮的最后,由各对点之间的估计对等值构成了一个新矩阵。在理想情况下,该程序一直持续下去,直到修正的对等估计值不再改变为止;也就是说,计算结果不会再产生更精确的估计值。在实际情况下,当更进一步计算的结果与估计值差别不大的时候,研究者就可以停止计算了。有人提出,经过三轮计算之后,UCINET 中附带的 REGE 程序就会产生最优估计值(也可参见 Borgatti and Everett,1989;Borgatti et al.,

134 1989)。

这种方法只能用于有向数据,尽管多里安(Doreian,1987)为了分析无向数据已经作了修正。如多里安所言,对一个对称矩阵来说,初始估计值不会受算法影响:该算法无非是把所有的关联点都看成是规则对等的。这些矩阵只有被分割成两个不对称矩阵时才可用 REGE 进行联合分析。多里安建议利用中心度的值进行分割,尽管埃弗里特和博加提(Everett and Borgatti,1990)也指出任何一个图论属性都可用。例如,如果用中心度,那么一个矩阵就由那些从中心点指向边缘点的关系组成,而其他矩阵则由那些从边缘点指向中心点的关系组成。

尽管 REGE 有一些缺陷,但它却是第一个真正接近由洛兰和怀特(Lorrain and White,1971)描述的结构对等性的对等性分析程序。然而,它关于数据设定的实质性假设被复杂的数学程序所掩盖,因而对于一个不精通数学的人来说,很难确定这些假设是否有效,是否现实。至于 CONCOR,它确实如期望的那样适用于分析小范围的数据,这个事实有力地维护了它的名声,但是研究者必须认识到自己只是在某种程度上信任该程序罢了。

回想前文,诸如纳德尔(Nadel)这样的学者的愿望是建构一个社会学的分析框架,在该框架中,对位置的分析会补充比较传统的社会计量学意义上的派系和成分分析。导致 REGE 的一些结构对等性进路都避开了图论,因而距离这种社会计量学关切只有一步之遥。另一方面,"图角色分析"(graph role analysis)的路数则试图运用在图论中测量的各个点的结构位置作为结构相似性测度的基础(Zegers and ten Berghe,1985)。该程序运用局部依赖性(local dependency)或者捷径矩阵(geodesic matrix)来计算每一对行动者之间的相关系数。[16] 评价结构对等性的根据是这些测度对于每个点来说在多大程度上相似。例如,从某些重要的方面来说,有着同样高的中间中心度指数(betweenness scores)的一对点就可视为在结构上对等。只要两个点处于相同的很多点之间,就可认为二者在结构上对等,这种看法明显存在一些问题,为了避免这个问题,该算法可以计算这些点是否处于那些在中间中心度取值上具有相似性的两点之间。这个程序的一个特别有趣的特征是,它开始在相对易于理解的图论概念和不易于理解的结构对等性测度之间建立一个桥梁。与 CONCOR 一样,该程序的目的不在于把这些路数合并在一起,而在于从理论上思考并清晰地表达其互依性。[17]

这些块模型研究路数都有归纳性质,都致力于从观察数据中引出模型。多里安和同事(Doreian et al.,2005)遵循一种完全不同的策略,提出了一种高度概括的块模型思路,该思路假定有一种特殊的块模型,然后检验其拟合实际数据的程度。这种路数有可能提供有理论考量的研究过程,并从描述性的模型走向比较彻底的解释性模型。他们的路数可通过 PAJEK 实现。

企业连锁与参与

块模型的最有趣的应用体现在对连锁关系的分析中。伯特对商业领域中的连锁董事(interlocking directionship)问题抱有持久的兴趣,但是他没有利用基于派系的传统研究方法。他在关于该问题的最早研究(Burt,1979)中就热衷于揭示在公司系统中企业的获利能力与其结构地位之间的关系,他提出的结构对等性观念面对的恰恰是这个结构地位问题。

伯特开始如下假设,即可以把很多连锁理解为"增选机制"(cooptive mechanisms),通过这种机制,企业会把其他企业中的那些可能会威胁到本企业持续运行的人吸引过来。因此,产生市场"不确定性"的那些供应商就是向它们提供商品和资本的那些企业"增选连锁"(cooptive interlocks)的对象。因此,金融机构在企业联盟中特别重要:"作为一种通用的资本,资金的使用使得金融机构的行动成为显著不确定性的一个来源,因此,可以期待公司建立增选连锁关系,这样可以保证在需要的时候可获得资金"(Burt,1979:416)。

在早期讨论"位置"概念的基础上(Burt,1976,1997a,b),伯特把运行于每个经济领域的公司看成是相互结构对等的——各个经济领域是由社会拓扑结构(social topology)中的各种位置构成的。利用1967年的美国各个部门层次的输入—输出数据,伯特试图展示部门之间交换的不确定性程度有多大,从而使得增选联盟成为一个理性策略。也就是说,他的兴趣点在于考察限定性的经济交换结构是否反映在与之对应的联盟结构之中。部门之间的"限定性"这个概念要根据竞争压力来操作化:对于一些企业来说,它们既可以与垄断性的部门交换,也可以与竞争性的部门交换,相对来说,这些企业受到前者的限定更大。市场的限定降低了企业的结构自主性,而连锁会减小这种限 **136** 定性的影响,从而转换企业运行的经济环境。伯特坚持认为,"两个网络中的结构是一种共生现象(原文如此):市场结构使连锁结构模式化,而连锁结构又把市场结构再模式化"(Burt,1979:433;同时参见Burt et al.,1980;Burt,1982:第4章和第8章)。

伯特的数据由两个类似的有向邻接矩阵构成,其行与列对应着各个经济部门。其中一个矩阵包含了两个部门之间的经济交换信息,另一个展示了它们之间的连锁模式。伯特并没有直接汇报对这些数据进行块模型分析的结果,但他的结论是,这两个网络确实相似,并且很可能区分出一个"董事关联市场(directorate tie market):这种连锁结构为商业交易的规范化提供了一种"非市场"(non-market)环境(Burt,1983b,c)。[18]

CONCOR程序的优缺点在笔者主持的公司股权研究中都明显存

在(Scott,1986)。笔者选择 1976 年的英国 250 强公司作为研究对象,根据他们的股份登记表确认出最大股东。这就构建了一个关于各个公司之间交互持股的 250×250 发生阵。在这个矩阵中,行表示控股公司,列表示持股关系的对象公司:控股关系从行指向列。研究发现,只有 69 家公司在其他大公司中持有控制性的股份,而只有 140 家是这 69 家公司的持股对象。因此,有效的数据库是一个 69×140 矩阵。中心度分析表明,宝德信保险公司(Prudential Assurance)是最核心的持股参与者,它持有 140 个目标企业中的 88 个公司的股份。同样,研究发现,药物零售商布思公司(Boots)是最"靠得住的"(blue chip)目标:在其最大的 20 个股东中,有 18 个就职于 69 个一流公司中。

这种分析的主要目的是运用 CONCOR 算法来揭示公司网络的总特征。有控制能力的公司被视为经济生活中的领头者,该研究的目的在于揭示它们是形成了一个统一的群体,还是分裂成竞争性的与团结性的联盟。成分分析表明,这些企业之间很少组成联盟,初步的结论是网络并没有分裂成各自独立的公司集群。然而,CONCOR 揭示了在网络中存在许多结构位置,因此可能发现这些位置之间存在等级关系。对行与列进行联合分析表明存在着五群企业,如图 7.6 的箭头图所示。[19]

图 7.6 中的箭头表示各类集群企业之间的持股关系方向,这些集群企业构成了网络中的各种位置。集群 1,集群 2 和集群 4 合在一起,构成了经济领域中的支配控制者(hegemonic controllers),集群 1 在这

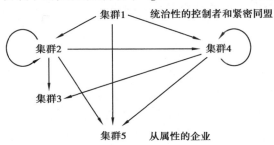

图 7.6　1976 年英国金融统治的结构

个分组中占支配地位。集群 1 包含 20 个企业,包括一些大的公共部门企业和商业银行,集群 1 的成员是其他三个集群的主要持股参与者。它占据着公司等级的最高位置,因为其成员被富裕的家族(families)和国家(而不是由其他公司)控制着。集群 2 包括 11 个企业,这些企业相互拥有资本(指向自我的箭头即表示这一点),它们同时是控制集群 3,4,5 的重要参与者。集群 4 与集群 2 很相似,都由清算银行(clearing banks)、保险公司和大型私营企业组成,但是其成员较少卷入对集合 3 的公司和财团的联合控制之中。这是二者的区别所在。集群 5 包含了 91 家企业,由一些次要集团组成,这些企业实际上不控制其他企业。

　　由于这些英国企业网络没有内在的分散性,CONCOR 在揭示这些企业占据的结构对等位置方面是很有效的。但是,利用来自日本的类似数据就发现 CONCOR 的用处不太大。日本的经济被断然地分割成各个独立的部分,每个部分的运作都形成有凝聚力的商业组织。这些就是人们所熟悉的日本商业体系的“商业财团”(*kigyoshudan*[①])(Scott,1991,1997)。尽管存在一些具有结构对等性的主导产业和次属产业,CONCOR 还是根据商业集团对这些企业进行区分(Scott,1986:第 186 页及以后)。利用 CONCOR 并没有发现单个集合的结构对等的统治者。在该网络中发现有 7 个集合,其中 3 个对应着著名的住友(Sumitomo)、三井物产(Mitsui)和三菱(Mitsubishi)这 3 个商业财团。每个集合都是有等级划分的,可划分为支配性企业和被支配的企业。因此,日本的经济看起来很像图 7.5,其结构对等的各个位置被那些代表主要商业集群的社会圈从中间横穿。

注释

　　1 如在社会网络分析中的许多领域一样,这里也有令人困惑的术语问题。继洛兰和怀特之后,研究者用“块”一词既表示点的集合或聚类,也表示像矩阵中的各元素。第 6 章指出,图论专家用“块”一词来指称大量完全不同或无关的概念,

---

① *Kigyoshudan* 是根据日文中的“商业财(集)团”(business groups)一词的日语发音译出来的。——译者注

这个事实也带来进一步的混乱。在该章规避了"块"一词后,笔者在本章中作了一些限定,即用"块"来描述像矩阵(image matrix)的各项,将点的集合称为"聚类",其原因将在下一节中指出。

2 也有其他形式的组合式聚类分析,但这些都是最常见的。一个折中的办法是在 UCLUS 算法中使用平均距离法。在选择相似性测度的时候,它既不挑选两个聚类之间的最短距离,也不选最大距离,而是选用平均距离。安德伯格(Anderberg,1973)提供了一种中间性的"平均关联"方法。也可参见艾伦(Allen,1980)。

3 有些作者建议用卡方值(x^2)来选择每一步的标准。

4 关于此方法的最精确的解释可参见布雷格等学者(Breiger et al.,1975)、布尔曼和怀特(Boorman and White,1976)以及怀特等学者(White et al.,1976)的研究。最初的方法在麦奎迪(McQuitty,1968)、麦奎迪和克拉克(McQuitty and Clark,1968)的文章中有讨论。

5 也有人认为,将矩阵拆分为包含少于 3 个点的集合是无用的,因为在多数矩阵中,规模为 2 的一组只是关于结构对等性的一种意义不大的情况。

6 事实上,有学者发现在所有值汇聚在 +1 或 −1 之间以前,该进程就可以停止。有人指出,虽然在设置高于 +0.9 和 −0.9 的收敛标准上耗费了额外的计算时间,但是所取得的收效却甚微。在 UCINET 中运行的 CONCOR 允许研究者自己选择收敛标准。然而,一旦作出选择,便会理所当然将一种随机因素引入到程序之中。

7 布雷格等学者(Breiger et al.,1975)的分析与戴维斯等人(Davis et al.,1941)的数据无关,而是对霍曼斯(Homans,1951)给出的初始数据的再分析。

8 当一个块的真实密度为 1.0 时,该块就是一个 1-派系。然而当其密度小于 1.0 时,块将不会形成一个 1-派系,甚至不会形成一个 n-派系。这并不意外,因为 CONCOR 是专为代替派系检测方法而引入的。如果 CONCOR 仅仅识别派系,那么它的复杂程序就没有什么意义了。

9 布雷格(Breiger,1979)讨论了更复杂但可比较的真正数据集合。

10 关于 CONCOR 和块模型的更多文献可见施瓦茨(Schwartz,1977)、阿拉比等(Arabie et al.,1978)、莱特和马林斯(Light and Mullins,1979)。CONCOR 程序在伯纳西茨和麦康纳基(Bonacich and McConaghy,1979)中得到了推广。还可参见卡林顿等(Carrington et al.,1980)。

11 这一讨论依赖于伯特(Burt,1980,1982)、伯特和肖特(Burt and Schott,1990)的观点。怀特的后续著作(White,1992a)出现了与伯特类似的概念导向。

12 伯特称之为"频率衰减"(frequency decay)假设。

13 伯特计算了"欧氏"距离,我将在第9章讨论它。

14 由伯特推荐的实际检验需要对每一个聚类的"协方差矩阵"运行主成分分析。一个点在第一个主成分上的负载值被看成是该点与聚类中其他成员之间的关系测度。除非理解了主成分分析法,否则这种检验就似乎有些难懂。这些将在第9章中讨论,读者可以在阅读下一章的相关部分后再回来阅读这一节。伯特的方法在福斯特和罗姆尼(Faust and Romney,1985)中受到了批判。

15 由于每个点都有不同数量的联系点,相似性矩阵因此是不对称的。

16 计算出来的相关系数不是一个标准的皮尔逊相关系数,而是一个合并了伯特方法中使用的某些欧几里德假设的系数。

17 至于尝试具体探讨结构对等性和传统图论问题之间的关系,参见埃弗里特等(Everett et al.,1990)。

18 伯特将结构对等性与DMS结合在一起,在伯特(Burt,1988)、伯特和卡尔顿(Burt and Carlton,1989)中生成了美国市场拓扑结构。下一章将讨论MDS。

19 一个较小的、与网络中其他部分之间联系非常弱的第六集合被排除在外。

8

网络动力和网络变迁

　　到目前为止所讨论的社会网络分析的各种路数都是静态的,关注对特定时间段的网络结构特征进行描述。这种研究思路曾经长时间被认为理当如此,网络结构的变化被视为不过是截面数据(cross-sectional data)罢了。这种路数并不提供变动的图景,只是一系列固定的快照,我们据此不可能追溯变迁的实际细节,不知道局部层次的决策如何产生了大尺度的结构变化。近期的研究开始超出这种描述性观念,开始理解网络的内在动力机制,以及这些内在的过程通过哪些方式产生了长期的结构变迁。目前提出的一些模型开展了严谨的历时性研究。

　　这些新的研究路数以统计技术为基础,将变迁视为一种"随机"的过程。这个观念广泛地运用统计学进行假设检验并评价变迁过程模型的显著性。对网络结构的静态描述常常遭遇到"又能怎样"式的批判。批判者指出,研究者需要展示所汇报的结构实际上能够对个体和组织的行动有某种限定性的效应。这些统计方法使得令人信服地回答这些问题成为可能。

　　本章将分析这些过程性的模型及其在历时性研究方面的探索,并将这些研究与近期在新社会物理学中提出的复杂性和"小世界"(small-world)问题的研究联系在一起。本章最后考察针对显著性检验的统计研究。

建构网络结构变迁模型

最初,社会网络分析在社会学和人类学中的应用通常是为了对亲属和社区结构尝试建模,一般接受的是在该领域中常见的静态研究路数。不过,促成这些论证的结构功能主义理论却是在一种行动理论的基础之上建立起来的,这样的行动理论会表明结构如何出现,如何转变成为有目的行动的未意料的后果。然而,这些论证并没有直接转译为网络分析,因为当时可行的各种图论方法不鼓励这种做法。不过,如何将社会网络分析的成熟方法与网络动力学方面新出现的方法结合在一起,行动理论的确提供了一个方向。

有关行动的未预期后果的社会学模型来自亚当·斯密的古典政治经济学(Smith,1766)及其激发的经济学理论传统,在门格尔(Menger,1871)和马歇尔(Marshall,1890)的边际学派中得到进一步发展,由米塞斯(von Mises,1949)和哈耶克(von Hayek,1967)整合成为一个系统的行动理论。然而,由默顿(Merton,1936)传承的一般形式的行动理论才在社会学中影响最甚。

该理论将人类行动看成是有目的性的,但是行动的开展是有条件的,条件为这些目的的达成既创造机会,又施加限制。能动者自行选择目标,遵循自己的感觉是恰当的行动规范或规则。他们会评价所面对的条件,根据自己面临并领悟的机会修改行动,以助目标达成。因此,在建立社会关系时,他们的直接社会关系模式——个体中心网可以反映他们的意向。然而,大的结构是个体中心网的联结(concatenation of ego-centric networks),可能拥有一些未被其任何参与者意料到的性质。能动者很少有能力预见其行动的全部结果,因此他们不能筹划所有的可能,尤其当他们在大群体中行动时更是如此。

因此,一个社会群体拥有的结构可能不被其成员预料和认知。对于任何个体来说,这种结构都是先在的条件系列,他们必须在此基础上行动。可见,行动不可避免地是在不完全认知条件中开展的,这些条件可能有助于或者限制着意向的达成。由于所有的行动者都同样处于他们的社会网络中,在任何阶段都可能发生的多元行动的结果就不容易被其任何参与者意识到。因此,结构的变迁便成为诸多行动者的多元意向性举动未意料和预期的后果。

对于古典经济学和结构功能主义来说,这种视角成为在行动系统中自我规训模型的基础。例如,竞争性市场被视为保证了物品和服务的供给和需求之间的匹配,它在宏观层次上保证了雇佣和投资的平衡,可以产生增长和衰退的循环模式。实际上,行动的后果可能远比它复杂,本章后文将指出,重要的是要认识到,变动不居的宏观结构和过程可能是由诸多个体能动者的目的性行动生成的。

要将这些观念整合到社会网络分析之中,有赖于很多物理学家作出的重要贡献。沃茨(Watts, 1999)首先证实,社会网络的某些"小世界"性质——它巩固了社会网络分析中使用的许多概念——只出现在从完全有序到完全随机这个连续统一的特定范围。这个范围处于某些临界值之间,临界值依赖于图中点的平均度数及总点数,不过只考虑与一个成分相连的那些点。因此,拥有小世界性质的是各个成分而非整个网络。在临界值的上限和下限,网络的性质会变得拥有或失去小世界状态。上限是图变得在整体上松散,局部仍然保持紧密,下限是每个点都与大量其他点相连,但是其邻域的点都相互无关。超出这些临界值之外,则图或者是高度关联(所有点之间几乎都有关系)的,或者是随机地很松散相连的。

拥有小世界性质的网络是那些有大量"短程线"(short cuts)的网络。短程线就是这样的线,即如果没有它们,其连接的诸多点就会大大地分离开来。这样的网络相对于其规模来说有适中的密度。在一个小世界网络中,点的度数服从幂律分布(power-law)或无尺度分布(scale-free distribution),即常指帕累托分布(Pareto distribution)。这是一个高度偏态的分布,其中只有少数点有相对较高的度数,大多数点的度数都很低甚至是 0。尽管巴拉巴斯(Barabási, 2002)展示了这个新发现,但是社会学家的大量经验研究已表明这只是一个常识性的经验发现罢了。然而,巴拉巴斯和沃茨这样的物理学家给出的这些论证的真正重要之处在于,它认识到这是小世界网络的一个必要的和确定性的特征。

　　沃茨利用对小世界性质的分析强调了网络的动力学性质。他特别考察了如果关联性有相对较小的变化刚好使网络跨越一个临界值水平能否导致网络结构的巨变。网络的这个"跳跃过程"（jump processes）可能或多或少涉及网络结构的质变。沃茨的结论是，观念在整个网络中的传递速率、行动者之间沟通的可能性、预期的联盟形成等都可能显著地受到相对较小的局部层次变化的影响，因为它们有这些宏观层次的效果。

　　一般来说，变化可能是渐进的，显著的变化只来自小规模变化的大量累积。然而，在其他时间，可能从一个状态突变到另外一个完全不同的状态。后面的变化不是线性改变，已被描述为塌缩点（catastrophe points）（Thom, 1972）或"阶段跃迁"域（phase transition）。这些小的变化——常常被称为随机重连（random rewirings）——完全是局部层次的变化，并不关涉对网络总体结构的影响。当然，从完全随机发生这个意义上说，这些并不是"随机"的，它们只是有意向的举动，没有完全认识到其实际的后果。在社会网络中，它们是基于情境定义的、关照当下的有目的的行动，但是它们能够产生超出能动者的即时情景的、未预期、未意料的后果。

　　对这些行动过程的建模最近体现在所谓的基于能动者的计算模型（actor-based computational models）之中，正是在这种形式中，上述论证才在社会网络分析中得到开展。该模型将能动者视为遵循简单的规则，具体指定它们如何在其既定的直接环境中行动。根据假定的行动规则，通过模拟的模型研究这些问题，进而产生网络演化的预测模式。要想检验假定的规则是否充分，一个基点就是与用实际的数据模式建模的结果进行对比。如果模型的预测严重脱离观测情形，假设就被证伪。如果可以改变模型中的规则，使得产生的模式较好地对应了实际观测的结构，就可以认为该模拟是比较成功的。

　　在利用基于行动者的模型分析历时性的数据方面，汤姆·斯奈德斯（Tom Snijders, 1996; Snijders and van Duijn, 1997; Snijders et al., 2010）是领军人物。他的基本模型将行动者视为可根据指定的规则并遵循优化策略来建立或破坏社会关系。这里可以包括随机因素,即使模型成为随机的模型。斯奈德斯利用随机模拟表明,他的模型中的诸多假定不仅比其他模拟的模型更有现实意义,还允许建立一个包含诸多拟合优度和显著性的统计推断测度库。

在斯奈德斯的模型中,行动者选择建立或破坏关系会产生一个有向数据库,其中每个行动者都被视为可控制自己的发出关系。可将发出关系的变化视为有倾向的,即倾向于立即获得或延后获得一个优势(或避免劣势)。因此,每个行动者都在其直接的关系情景限制下行动,该变动的情景本身也是所有其他能动者不断选择的结果。在模型中,网络的各个后续状态形成一个马尔科夫链(Markov chain),可视之为由各个"保持时间"(holding times)构成的序列,其中某些关系会持续,其他关系会改变,被系统状态变化所处的跃迁过程打断。在一个跳跃进程中,涉及的行动者会在当下的保持状态(holding state)的限制下行事,在任何一个时间点的保持状态的结构决定了网络在后续状态进一步发展的概率。

斯奈德斯的历时性变迁模型可用他的 SIENA 程序实现。[1]它允许分析者对自认为会被能动者遵守的各种规则集合提出假设,并模拟其结果。重要的是要认识到,这个过程并不要求接受纯粹的理性选择假定。这里可以具体指定任何行动规则,包括利他规则和其他超出狭隘工具性的规则。将各种备选的研究结果与实际观察到的网络状态进行对比,就可以区分出最佳拟合的解。这个过程可帮助分析者得出结论,即认为所指定的规则可能是对能动者在现实世界中实际遵循的规则的一个合理的近似。

检验各种解释

网络分析的历时性研究从静态走向动态,从纯描述走向解释。网络分析者可以假定有一种网络模式的变化,如果这对应于观察到的变化模式,那么背后模型中的假定可以为观察到的模式提供最佳拟合的解释。

　　然而,仅仅有观察模式与假说模式的对应仍然不足以得出令人信服的结论。如果声称模型就是一种解释,就必须说明这种对应不可能是随机发生的。必须说明这种对应是所使用的某种特定模型极可能出现的结果,不可能是因为其他原因带来的。

　　在科学的假设检验中,这是一个一般性的问题,即必须表明一个模型产生了统计上显著的结果。通常可利用统计显著性检验来达到这一点,但是常规的显著性检验通常假定属性数据服从正态分布。前文已经指出,关系数据并非如此,通常服从无尺度分布(scale-free distribution):少量点解释了大量的关系。因此,必须提出新的显著性
143　检验技术。

　　用统计学术语表达,显著性检验测量的是能够被模型解释掉的方差。针对这个问题的一种路数是二次指派程序(Quadratic Assignment Procedure,缩写为 QAP),它首先计算两个矩阵的相关系数,然后计算其中一个矩阵和另外一个矩阵随机置换的矩阵之间的相关系数,并比较这两个相关系数。持续此类过程,利用初始矩阵的不同的置换矩阵计算,从而可以计算来自随机网络的结果占实际观察结果的比例。这个比例被看成是显著性测度,如果它小于 0.05,一般就说结果在统计意义上显著。这个测度可以在 UCINET 中沿着 TOOLS > TESTING HYPOTHESES 菜单选项来计算。

　　沃瑟曼等学者(Wasserman and Pattison,1996;Wasserman and Robins,2005;Snijders et al.,2006;Robins et al.,2007)提出了一种备选的方法,其基础是回归分析中的确定系数(R^2)。这种研究路数要利用指数随机图模型(exponential random graph models),简称为 ERGM 或 p * 研究。这种方法已经从无向的关系数据推广到有向的和多值的过程数据,并为社会网络分析所有领域的应用提供了一套强大的测度集合。可利用 SIENA 程序计算来自历时性数据结果的显著性检验,这样就可能将评估统计的显著性作为任何这种分析的一个常规部分。

　　该方法在具体操作时,需要考察一个网络的各种局部性质,如密度、互惠度、各种个体中心的星结构(ego-centric stars)。后者是非常重要的基于度数的测度,包括诸多 2-星(2-stars)、3-星(3-stars)和 4-星

(4-stars)。p*系数值是一个测度,测量的是单个观测值落入一种随机有向图的概率,模型会计算出一系列测度的此类概率分布。将观测到的这些性质的分布与针对同一数据的大量随机模拟产生的分布进行比较,从而可以分析观察到的模式在多大程度上是随机产生的。这个概率越低,越有信心认为先前给定的假设性解释所论断的机制实际上是符合观察数据的。

历时性数据的使用以及 ERGM 研究思路最好用斯奈德斯(Snijders,2001)本人进行的一项小型研究来展示。他针对荷兰某所大学总数为 32 个大一新生开展了为期三周的研究,得到三套截面数据。在每一个数据收集时间点,都询问学生们与哪些人建立了朋友关系。随着时间的推移,网络的密度逐渐增加,从 0.15,到 0.18,最后到 0.22。在第一个时间点和第二个时间点之间出现了 60 个关系的变化,在第二和第三个时间点之间出现了 51 个关系的变化。ERGM 分析计算出了很多测度的参数和标准误,包括与性别差异有关的量。计算的 t-统计量展示了哪些测度在 0.05 的水平上显著。加入不显著的效应,再引入其他测度后,会使模型更精致。

斯奈德斯的分析结论是,女人在形成积极的朋友关系方面比男性更主动,尽管男人得到更多的积极选择。进一步分析表明,那些结交了较多朋友的人更容易随着时间的推移改变他们的关系,与异性朋友的关系比与同性朋友的关系更快终结。与异性朋友的关系没有与同性朋友的关系稳定,不过,没有证据表明相对于同性朋友来说人们不容易发展异性朋友。除此之外,吸烟对择友有重要影响。

在另外一项小型研究中,斯奈德斯使用了弗里曼(Freeman and Freeman,1980)先前对社会科学家之间通过网络交流择友的数据。斯奈德斯研究了间隔 8 个月的两个时间点,研究发现,在择友方面,数学家和统计学家表现出最强的倾向性,社会学家、人类学家和心理学家则最弱。然而,在所有的学科中都有一个明显的趋势,即学者们趋向于与网络中的名人建立朋友关系。

ERGM 的研究思路还在初创期,大量的研究有待进行。在这些简介的例子中给出的特殊结果可能不特别令人惊奇,不过重要的是要注意到,这些结论在统计上是显著的,因此有一定置信度。这是对到目前为止接受的纯描述路数的重要推进,这些描述性路数中的陈述性结论总是尝试性的,总会引起批判者去追问:所报告的模式是真有意义,抑或仅仅是因随机过程带来的多少有些漂亮的模式罢了。自 1960 年代和 70 年代哈佛大学的突破以来,走向动力学模型、历时性分析及显著性检验可能是社会网络分析领域最重要的进展。

注释

1 SIENA 程序以及下载该程序的工具可见网站 http://www.stats.ox.ac.uk/~snijders/siena/。该程序也出现在 StOCNET 软件包中(http://stat.gamma.rug.nl/stocnet/)。

9

维度和展示

在社会网络分析领域,最早的一个愿望是针对所研究的网络画出其图形来。画社群图仍然是社会网络概念的发展和展示的重要手段,正是出于这个目的,本书才通篇大量地使用了社群图。例如,中心度可以用某种社群图来展示,图中的一系列发散的"辐条"把一个中心点与一些边缘点连在一起。然而,作为一种代表并展示关系数据的方法,传统的社群图有一定的局限性。其中的一个局限在于在一张纸上画一个大图是很难的,这一点限制了社群图的应用。当一个网络包含的点超过 10 个或 20 个,即使对于密度相对较小的网络来说,其交叉的关系数也会导致不可解释的线条集合。

为了试图克服这个局限性,人们对社群图观念进行了各类特定的推广和使用。研究者尝试利用绘画技术补充他们的形式数学测度,这要求研究者对所研究的社会结构的形状有比较定性的感受。一种常见的技术是沿着一个圆的圆周建构社群图,使得线的关系模式更清晰(Grieco,1987:30)。图 9.1 就是此方法之一例,该例取自斯科特和休斯(Scott and Hughes,1980)对一家苏格兰公司的研究。在这种技术中,圆只用作一种组构数据的、有一定任意性的可视性框架,各个点在圆上的排列顺序仅取决于要保证这些连接之间的重叠性最小。研究者要参与到一种指派和再指派的试错过程,直到取得一种在美学上令人满意的解决方案。[1]

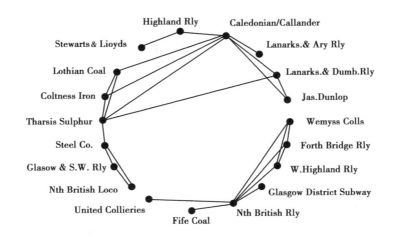

图 9.1 多家苏格兰公司:一个圆形图

这些圆形图可以使一系列关系的结构更加清晰,但它们仍然是有相当随机性的排列,并且没有体现出什么特殊的数学性质。各个点被随机地安排在一些位置之上,画出的各条线的长短不一就反映了这种 **147** 随机性的安排。对数据的解释相对于展示出来的特定可视性构型(visual configuration)来说在多大程度上具有敏感性,这一点在麦格拉思等学者(McGrath et al., 1997)的实验研究中已经指出。当用不同的空间安排来展示的时候,就可以引导人们识别一个网络中数量不同的子群。这意味着在选择空间框架和用什么标准来确定其中的点所处的位置的时候,必须非常小心。

麦格拉斯等学者的结论是,如果研究者希望就一个网络的实际社会计量学性质作出某种推断的话,那么各个点之间的空间距离应该尽可能地与这些点之间的图论距离相吻合。这个结论强化了社会网络分析者的一个长期期望,即走出隐喻性的、说明性的图示,产生更有说服力的社会结构图,从而像地理图一样在保持其数学特征的同时,允许一些新的特征得以发现。这些图还有一个优点,即对于那些阅读研究报告的人来说,它们使得数据易于理解,并更富有意义。

距离、空间和量纲

"多维量表"(multidimensional scaling,缩写为 MDS)这种数学研究路数体现了常规社群图及其各种艺术性推广形式的全部优点,但却导致与网络所嵌入的空间"图"非常接近的结果。这是非常重要的一个进展,这种进展回应了场论的核心洞见。例如,正如不列颠诸岛的二维图可以允许其使用者作出关于该国地形的一些新发现一样——只要他们熟知阅图的原则,通过多维量表生成的社群图也能够发现所研究的网络的新的结构知识。 148

多维量表(MDS)背后的基本思想是利用空间和距离概念画出关系数据图。[2] 对于任何空间和距离模型来说,如果在其各个特征之间存在已知的、确定性的关系,则称该模型为一种"量纲"(metric)式模型。就关系数据图来说,一种量纲框架具有一些有趣的特征。如果由多个点和线构成的构型(configuration)可以制作成一个量纲图,就可以用不同于图论的方法来测量"距离"和"方向"。在图论中,两点的距离要用连接它们的"途径"中的线数来测量。[①] 因此,距离指的是"途径距离"。量纲式的距离概念与我们日常理解的物理距离概念很类似。例如,在一个"欧氏"量纲中,从 A 到 B 的距离完全等同于从 B 到 A 的距离,并用连接二者之间的最直接的路径来测量。[3] 它是一种沿着笔直路径(as the crow flies)的"距离",并且可以穿越"开放地带",而无

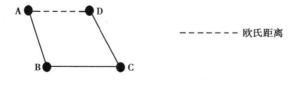

图 9.2 欧氏距离

---

① 实际上,在图论意义上的两点之间的距离具体指的是连接这两点的"最短途径"中的线数。——译者注

需——确实也用不着——遵循一种图论意义上的途径。例如,在图9.2中,A 和 D 之间的途径距离是 3 条线,而二者之间的欧氏距离为 2 厘米。

简单地讲,多维量表试图把诸如途径距离这样的图论测度转换为与物理距离相似的量纲式的测度。[4]尽管我们对"欧氏"这个术语可能不熟悉,并且该术语也确实令人畏惧,但它却描述了我们最熟悉的、日常的距离和空间概念,这些概念对应于欧几里得几何学中的观念。因此,在社会网络分析中,MDS 是一种特别方便的模型。关于社会关系的欧氏图可以通过与地图册、地图集和其他我们熟悉的日常生活的空间模型的对比来理解。

149 　　　MDS 采用图论中点的"接近度"测度,并用量纲式的术语来表示这些接近关系和距离关系。比较正式地讲,这涉及到利用"相近性数据"(proximity data)来建构各个点的量纲式构型。在这种分析中,第一步是根据各个图论测度制作一个个案-个案相近性矩阵(case-by-case proximity matrix)。矩阵的每个单元值显示出一对点在多大程度上"相似"或"相异"。针对关系数据的相近度测度可以包括个体之间交流的频率或数量、企业之间的持股关系规模、组织之间的共享成员数等。这些值的许多量纲式特征将模糊不清,而且也很难知晓一个特定的测度是否同欧氏量纲中的一些假设相一致。恰恰由于这个原因,研究者常常将它们转变为相关系数,因为我们知道相关系数与欧几里德量纲是一致的。在一个图中,有着相同关系模式的两点也将完全相关,所以这一对点的相近测度值为 1。这种测度被称为相似性测度,因为其值越高,表示这两个点越"相近"。在这种情况下,可以称相邻矩阵包含了"相似性"数据。另一类重要的相似性测度是"不相似性"(dissimilarity),其值越低,表示两点越"相近"。研究者必须清醒地认识到自己是运用"相似性"还是"不相似性"测度,因为特定的 MDS 程序针对每一种情况有不同的结果,这一点是至关重要的。[5]不论使用哪类数据,其目的都是为了形成一种量纲式构型,在这种构型中,量纲式距离模式对应着相似性模式。

　　　如果考虑把一个城镇网络绘制成地图册中的一页二维地图,就最容易展示 MDS 的应用了。镇与镇之间的里程矩阵包含了相近性(或不相近性)的里数测度,这种测度可以轻易地在地图册上转换为点与点之间的厘米级距离。这种"量度"(scaling)将给出一个二维构型,其中的距离是根据常规的东西和南北维度来安排的。然而,这种地图可能与所测量的国家的实际城镇之间的距离不完全吻合,因为道路要绕开障碍,很少沿着城镇之间的最短和最直接途径来建设。因此,道路里程也不是真正的欧氏距离。同样,地图也不会考虑到第三维——高度:实际的路途可能翻山越谷,而非穿过纯粹的平原。不管怎样,地图仍然能够给出对实际情况的一个比较合理而有用的近似,并且其与任何较佳的解之间的"拟合劣度"(lack of fit)是可以评估的。

可见,一个简单地理图的构建可以很好地洞察到关系数据的MDS。如果考察在构造图的时候使用的一些几何原则,就可以理解MDS对关系数据的处理方法。可以通过一个非常简单的例子,即画三个城镇之间的距离关系图来观察这些几何原则,这仅仅需要根据它们之间的距离来构造这三个城镇的恰当的空间安排和位置即可。实际上,这项任务对应于一个传统学院派几何学中的一个经典问题,即在仅知道三边长度的情况下画一个三角形。

这个几何问题的解是把三角形的各个角作为圆点,各个点之间的距离作为半径来画圆。例如,考虑这样一个三角形,其三条边为 AB(长 3 厘米),BC(长 4 厘米)和 AC(长 5 厘米)。在构造这个三角形的时候,第一步是画出任意一边,如 AB 这条边。这条线可以画在纸上的任何位置。既然知道 AC 长为 5 厘米,就可以推出 C 点肯定是位于以 A 为圆点,以 5 厘米为半径的圆周上。同理可知,C 点也一定位于以 B 为圆点,以 4 厘米为半径的圆周上。因此,构造三角形的第二步就是画这两个圆,确定交点的位置。C 就位于交叉点上,因为只有该点才符合对这三条线的距离要求。

实际上,如图 9.3 所示,交点有两个,因此,C 点的位置也可能有两个。此时,只选择其中一点作为 C 点就足够了。至于选哪个点并不重要,因为三角形 ABC′无非是三角形 ABC 的镜像,这就是对三个镇进行画图问题的解。如果 A、B、C 代表城镇,已知 AB、BC 和 AC 的长度代表镇与镇之间的标示里数,那么三角形 ABC 就是一个关于这些城镇

150

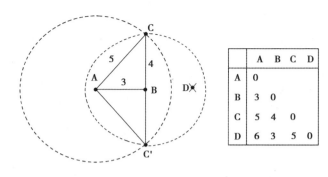

图9.3 一个量纲模型的建构

位置的简单二维图。

但是,假如把 C′ 点而不是 C 点作为第三个城镇的位置会怎样呢? ABC′ 可以同样被认可是一幅图吗? 三角形 ABC′ 只是原来图形的一个倒置而已,所以在选择 ABC 和 ABC′ 哪一个作为城镇图时无需抉择。当一个构型完全是另一个构型的"映射"时,选择哪一个都无关紧要。哪个构型最有用,这只取决于地图使用者的方便,因为一个实际图与其映象图包含的信息完全相同。

同样的几何程序也可用于对四个或更多点的分析上。如果已知点 D 与 B 相距 3 厘米,与 A 相距 6 厘米,与 C 相距 5 厘米,那么它的位置就可通过分别以 A、B、C 为圆点画圆的交叉点来确定。一旦 C 点的最初位置得到确定,那么 D 点就唯一由这些圆的交叉点决定(参见图 9.3)。如此看来,作为一个一般性原则,只要最初三点的位置已经固定,就存在一个独特的二维构型图。[6]

可以把这种学院几何(school geometry)看成为一个量纲空间中一系列点的定位提供了一个二维的解。可以根据图 9.3 展示的距离矩阵构造一幅二维结构图。这两个维度分别是纸张上常规的横轴(左右)和纵轴(上下)。在为地图集制作一张地图的时候,一般把各个点的构型向一定的位置移动,使得最北部的点指向页面的上方,最西部的点指向页面的左方。这样,横轴和纵轴就代表了已知的东/西维度和南/北维度。在多维量表中,这种构型的移动称为"旋转"(rotation)。然而,一般只有在常规性的绘图中,旋转才需要赋予已知的维度以一定的

构型。就多维量表分析的典型结果而言,旋转的主要目的在于发现一 152
些有意义的维度。笔者将在本章后文再讨论旋转问题。

　　实际上,MDS 遵循的方法与这里描述的简单几何个案中采用的方
法很类似。虽然 MDS 电脑程序一般不运用这种低效的办法来建构
圈,但结果是一样的。MDS 的最初形式来源于托格森(Torgerson,
1952)关于心理量表的开创性著述。如笔者所言,量纲性 MDS 所使用
的相近性数据视为对应于欧氏距离。如道路里程一例所示,如果使用
不相似性测度,那么与我所描述的几何原则类似的一些原则就可用来
制作一张量纲数据图。此时把原始数据看成是距离测度,并按照比例
最终绘制成图。MDS 算法运用一些几何原理来确保已知的相似性数
据与图中点的最终构型之间的"一致"。量纲式 MDS 的多种路数之间
的差异主要体现在方法的细节上,即在把该程序推广到三维或者多维
的过程中,所用的方法是不同的。

　　PAJEK 画图程序包括一系列根据用来快速建构一个 MDS 构型,
所用的技术被称为弹簧嵌入法(spring embedding)。用来产生构型的
程序是使用者完全看不到的,使用者可以具体指定画数据图时使用的
维度数,并且可以看到并旋转可视图。三维可视图尤其提供了从各个
角度检查构型的有力工具。[7]

主成分和因子

　　有一种与这种量纲式 MDS 相近的研究进路,这就是主成分分析
法(principal components analysis,简写为 PCA)。尽管在 PCA 与经典
的因子分析之间存在重要的区别,但在有些文本中,主成分分析也被
称为"因子分析"。就目前的目的来说,这个区别不是特别重要,并且
在 SPSS 中,主成分分析是因子分析程序的一部分,这使得它成为广泛
应用的一种数据分析方法(Daultrey,1976;Goddard and Kirby,1976;
Kim and Mueller,1978;Kline,1994)。[8]近年来,多元对应分析技术得到
应用,其原理类似(Le Roux and Rouanet,2010)。对应分析在属性数据
中得到了广泛的应用,尤其是布迪厄(Bourdieu,1979),但是在关系数

据中也得到越来越多的应用(Denord et al., 2011)。

PCA 来源于早期的态度及智力量表法,这些早期研究者试图在大量特定的成就或态度测度中找到背后的共同因子。比如"常人智力"(general intelligence)就被视为在一些逻辑推理专项测试中的表现背后的一个"因子"。推而广之,在任何已知的数据库背后都可能存在两个或多个不同的因子。PCA 是作为一种分析个案-变量属性(a case-by-variable)矩阵的方法发展起来的,其目的是发现多个变量中共享的一个或多个因子或成分。它试图利用原始数据发现一系列坐标或轴(因子或维度),从而可以用来绘制数据散布图。当利用一个个案-隶属项(a case-by-affiliation)矩阵中的关系数据的时候,就得到这样的散布图,即从一个点到另一个点的空间距离和环绕方向表达了有关它们之间的相对位置的实际信息。

如果将主成分分析法(PCA)运用于有关属性数据的个案-变量矩阵当中,我们就可以很轻易地理解这种方法。一个简单的 PCA 算法将首先把个案-变量矩阵转换为变量-变量(variable-by-variable)(即初始阵的各列)之间的相关系数矩阵。因此,新的矩阵就展示了各个变量之间的相关程度。下一步就是搜索这个矩阵,找到那些高度相关的变量,并用一个构造出来的人工变量代替,该人工变量测量的是各个变量之间的相关关系。如此看来,相互之间相关程度不小于某个特定值的一组变量将用一个构造出来的变量来替代。这个变量就称为第一主成分。再下一步是寻找另外一组高度相关,却与第一系列变量不相关的变量。用来代替这些变量的、构造出来的新变量就是第二主成分。持续此类过程,主成分分析法就会确定一系列互不相关的主成分,它们合在一起解释了在数据中发现的全部变异。这种全面的分析将一直持续到确定出所有可能的成分。通过这种过程,初始的变量-变量相关系数矩阵实际上就转换成为一个变量-成分相关矩阵。

第一主成分代表了相关程度最高的一组变量。根据定义,第二主成分与第一主成分无关,即与之是"正交"或独立的。独立意味着这二个主成分互成直角,可作为一个二维散点图的两个轴。这个普遍的原理同样可用于分析大量的成分,其中每个维度与其他维度彼此垂直或者不相关。当然,三维散点图一般难以画出或者显像出来,超过三维的散点图是画不出来的。虽然如此,不管区分出多少个主成分,其研究的逻辑是相同的。在主成分分析中,一般要找到最少数目的主成分来解释数据中的多数方差。实际上,在任何一点停止都不能完全解释方差,这样的点也是随机的。对于研究者来说,如果新的主成分不会给已经解释的方差带来更多贡献的话,研究者通常可止于此。

因此,PCA 开始于一个变量-变量相关系数矩阵,它是根据初始的个案-变量矩阵构造出来的。根据变量-变量矩阵可以构造出一个变量-成分矩阵,该矩阵的格值表示每个变量在每个成分上计算出来的"负载值"(loadings)。各个主成分被当成一个散点图的各个轴,负载值用来确定每个变量在各个轴上的位置。作为一种推广,多元对应分析中的散点图被描绘为形成了有内在几何形状或结构的"云"。

伴随可能的旋转会出现一个复杂的问题,这一点在前文讨论的简单几何例子中提及过。对一种构型进行旋转的目的是更清晰地展示其结构图像。例如,如果各个点在空间中似乎沿着一个特定方向散布的话,那么转动这个构型直到各个点沿着第一主成分最大限度地展开,这就是合理的。例如,在图 9.4 中,图(2)表达了一种构型的旋转,这要比未旋转的图(1)更与轴拟合。一般来讲,旋转程序的目的是为了产生一个构型的定位,以便更好地与主轴吻合。旋转程序输出的结果是一个新的变量-成分矩阵,它包含了每个变量的一组修改过的负载值。[9]

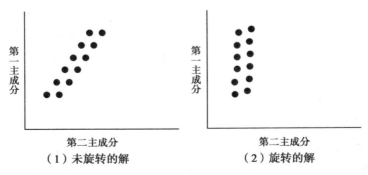

图 9.4　旋转

154

在针对"个人-组织发生阵"的直接分析中,PCA算法可以考察各个组织,找到那些在其成员属性上最相似的组织。如在CONCOR中一样,此时也用相关系数作为相似性测度。所发现的一组相似的组织将用一些主成分来代替,这些组织可以在由各个成分轴定义的空间中像各个点一样画出来。在这个散点图中,两点之间的欧氏距离测量的是组织之间的相似性。对初始发生阵实行转置后,就可以分析各个个案。如前一章讨论的CONCOR和其他块模型程序中所看到的那样,从同样的输入数据中产生的列解(column solution)和行解(row solution)是相互"对偶的"(dual)。它们虽然不同,却是对同一组数据的互补性表征。

利用PCA也可以分析邻接矩阵,尽管对于无向关系的对称数据矩阵来说,行解和列解完全相同。然而,在有向邻接矩阵的情况下,两种解会有所不同,其中一个解对应于由"发送"关系生成的网络,另一155 个解对应于由"接收"关系生成的网络。[10]

一些非量纲的方法

在探究关系数据的过程中,量纲式MDS和PCA都有很多局限。许多关系数据是二值的,仅表明关系的有无,这种数据就不能直接用来测量相似性。笔者已指出,二值数据必须首先转换为具有量纲性质的某些测度,如相关系数等。但是这种数据转换过程可能导致研究者作出关于关系数据的一些未加证实的假设。即使初始数据为多值数据,一些量纲式的假设也可能是不恰当的。特别需要指出的是,使用定距或定比测度就可能是不恰当的。例如,对于拥有四个共同董事的两个公司来说,我们不能认为这两个公司之间的关系要比仅仅有两个共同董事的两个公司之间的关系密切"两倍"。尽管从现实角度讲,可以认为前一种关系比后一种关系更"密切"一些,但是很难确切地知道156 密切的"程度"多大。幸运的是,人们设计出一些功能强大的MDS技术,它们不要求直接输入量纲式数据,并且这些方法要比与之对应的量纲式方法得到更广泛的应用。[11]

这些非量纲式 MDS 技术常常被称为最小空间分析（smallest space analysis），在标准的计算机程序中都有这种技术。例如，PAJEK 绘图技术就建立在非量纲式 MDS 的基础上。非量纲式 MDS 程序的操作基础是一个对称邻接矩阵，其中每个元素表示个案之间的相似性或者不相似性，表达方式既可以利用相关系数，也可利用实际多值数据。该程序不把这些值直接转换为欧氏距离，而是仅考虑这些值的等级次序。也就是说，这些数据被视为定序测度。在非量纲式程序追求的解中，各个距离的等级次序与初始值的等级次序是相同的。

利用图 9.5 的数据可以说明这个程序。第一步是把初始阵中的各个单元值按降序（从高到底）排列。这样就构造了一个新的矩阵，其初始单元值被经过排序分布后的等级值代替。例如，在图 9.5 中，初始阵中 A 与 B 的不相似程度最高，因此在等级数据矩阵中用 1 来代替。A 与 C 之间的不相似程度是六个值中最小者，因此，在等级数据矩阵中用 6 来代替。这样看来，有必要建构一个欧氏距离矩阵，其元素的顺序与初始元素值的顺序相同。

可以用这些欧氏距离来绘制一个与 PCA 生成的图类似的量纲式散点图。在这种情况下，距离的等级次序就和相似性数据的等级次序一样，但是此时却用不着作出关于相似性数据本身性质的一些假设。 157

（1）初始阵（不相似性）

	A	B	C	D
A	0			
B	60	0		
C	10	40	0	
D	30	50	20	0

（2）等级数据矩阵

	A	B	C	D
A	−			
B	1	−		
C	6	3	−	
D	4	2	5	−

（3）负载值：二维解

	维度1	维度2
A	0.575	0.404
B	−0.993	0.114
C	0.195	0.177
D	0.222	−0.695

图 9.5　非量纲式多维量表数据

如果相似性测度确实有一些量纲性质,该程序当然会形成一个最终矩阵,其元素值完全对应于初始阵,只是全部值都等量降低一些。这不是图 9.5 中的例子,因为初始数据不具有量纲性。尽管一种简易几何法的变体不能应用于初始数据,却可用于最终矩阵的每个值上。最终矩阵表达了量纲距离与非量纲数据之间的"最佳拟合",第(3)组表示了四个点在二维解中两个维度上的负载值。

接下来的问题是,如何计算欧氏距离矩阵? 通常的算法开始于计算一种"猜测值",即猜测这些距离是什么。这个猜测会形成初始的或试探性的构型,将其距离的等级次序与相似性构型中的等级次序比较。对初始估计值进行后续的"试错"(trial-and-error)性修正会逐渐导向更好的试探性构型。如果在距离等级次序和相似性等级次序之间有较好的吻合,就认为这个构型推进了此前的构型并加以接受。最后将会发现一种与初始数据达到最佳拟合的试探性构型。

因此,为了开始这个过程,必须建构一个恰当的试探性构型。初始构型本身可随机生成,或者如果已知网络的某种结构,研究者也可以提供距离的估计值。方法的选择并不重要,因为初始构型只是分析的起点,它精确与否不影响分析的其他方面。利用随机选择的起点的唯一缺点是分析过程可能会稍长一些,因为在发现最终的构型之前需要经过很多步骤。实际上,得到广泛使用的 MINISSA 算法通常会通过主成分分析来建构一个初始构型。[12]

怎样才能知道产生的最终构型是令人满意的? 在初始构型中距离的等级排序必须与最初的相似性数据中的等级排序比较,这样可以发现每一对点在等级上出现什么差异。这种比较展示了各个点必须在哪个方向上以及在多大程度上进行相对的移动,以便减少这种差异。例如,如果各个点在等级上存在显著差异,必须要比试探性构型更将点向相互接近的方向移动。这种差异性比较要在每种后续构型中进行。每一步的结果都可以画成如图 9.6(1)所示的图。在这个图——其取名来自该图的提出者谢泼德(Shepard)——中,试探性构型中各个距离的等级排序要根据初始数据中的不相似性值的等级排序来画图。如果各个点广泛地分散在图中,则存在一个较差的拟合;

但是如果它们聚集在 45 度线左右,拟合度就较好。只有当各个点都在 45 度线上的时候,才达到最佳拟合态。[13]通过持续的调整以降低不一致性,就会逐渐产生一种构型,在该构型中的任何改动都不会不削弱这种拟合度的。当达到这一点时(这也许要经过相当多的步骤),就最终达到与最初数据的最可能的拟合。

行文至此,维度数似乎是不成问题的。确实,在图 9.5 中,这个简单例示假定的是一种二维度的解。在实践中,研究者必须决定用来绘制一份数据图时所需要的维度数。对每个维度的解来说,都可以画出谢泼德图(Shepard diagram),并发现一种"最佳拟合"的构型。例如,在两个维度上将有一个最佳拟合,在三维上也将有一个最佳拟合。但谢泼德图并没有指明哪个解更好。

非量纲式 MDS 程序本身并不决定维度的合适数量是多少。研究者必须针对不同数量的维度进行大量的分析,试着发现在各种维度解中,哪个给出了与初始数据的最佳拟合。这一点可以通过计算一个名为"压缩值"(stress)的统计量来获得。该统计量测量了谢泼德图中各个点围绕拟合优度线的平均分布情况。通过绘制每个维度解的压缩值,就可以画出一个类似于图 9.6 的图。可见,压缩值最初会随着维度数量的增加而减少,但是最终会达到一个"拐"点,即随着维度数的进一步增加,压缩值的降低就不那么明显了。一旦达到这种平稳状态,就达到了最可能的维度解。维度数的增加可能降低压缩值,但达不到可感知的程度。

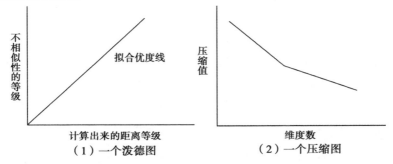

图 9.6　在非量纲式多维量表中的拟合优度

除了要比较各个压缩值之外,也有必要考虑在优选解中压缩值的绝对值。克鲁斯卡尔(Kruskal,1964a)认为,如果任何解都不能将压缩值降低10%,就不能认为结果是对初始数据的充分拟合。克鲁斯卡尔建议,下降5%或更低表明拟合程度好,而10%仍然可视为比较"适当"。但是接近20%的压缩就是"糟糕的"。在图9.5中,数据的二维解的压缩值是0。

量纲空间中的"维度"观念并不是社会网络分析中提到的唯一的维度性(dimensionality)概念。阿特金(Atkin,1974)在自己提出的Q-分析法基础上提出一个维度性概念。在Q-分析中,一个点的维度性等于在发生阵中其行解或列解减去1。根据阿特金的观点,这个值给出的就是能够充分地代表一个点所需要的维度数。因此,一身兼四个公司董事的人必须用三个维度来展示。然而,从这个观点看,网络中的每个个案都有自己的维度性,并且这些可能不同于整个网络的维度性。

尽管这种思路的优点在于它根源于与图论接近的一些观念,但是相对于我们熟悉的一些概念来说,其价值不明显。因此,弗里曼(Freeman,1983)拒绝针对图的维度性的Q-分析观,提议把图论和通过MDS发现的几何维度结合在一起。他指出,一个图的维度性就是把图高度拟合地嵌入一个空间时所必需的最小维度数。然而,他提出的拟合优度标准要比克鲁斯卡尔的标准更强,并且要求压缩值为0。

在一张平面纸上画二维散点图,这为我们所熟悉和理解,但是,在
160 完全绝对水平上给出的最佳拟合维度数经常大于2。在这些情况下,就不可能在一张平面纸上画出最终的构型图来。可以用透视法或者制图技术画出第三维,但是这种画法几乎没有什么说明性(参看Levine,1972,下文有讨论)。对纸笔法的重大改进便是利用电脑绘图法绘出一个三维构型图,但是如果运用的维度数超过三,这种程序在运行时也会遇到类似的问题。对于维度数多的情况来说,最常见的解便是在纸上依次展示出穿过构型的各个二维"片"。例如,在一个三维解中,可以在纸上把这个构型表征为三个独立的在二维情形下看到的整个构型:维度1对维度2,维度2对维度3,维度1对维度3等情形。下文讨论的基于计算机的可视技术则大大推进了一步,它可以展示三

维解并在屏幕上旋转。

　　运用来自 MDS 程序的输出项,各个点的构型可以绘制在一个空间内,这个空间是由所发现的维度数界定的。随后可以开始解释的过程。有两个问题需要解释:维度的意义和各个点在空间排列上的重要性。例如,在地图中,一般无争议地把维度看成是指常规地理空间上的东/西、南/北两个维度。然而,对于社会网络模型来说,分析者的最初任务是达到对各个维度的社会学解释。比如,可以决定一个维度反映个体的经济资源,另一个维度反映其政治归属。对构型进行旋转常常有助于解释各个维度。对各个点自身的空间分布赋予某种意义也是有必要的。一个常规的程序是利用对原始数据进行聚类分析得到的结果对各个点进行分组。每个聚类内的点由轮廓线围绕着,利用等级聚类法可以构建出各个点的轮廓图。例如,可以利用伯特提出的一类针对欧氏距离的聚类分析法来绘制基于欧氏 MDS 解的一个聚类图。换种做法,对图的成分及核心进行以多元度和度数为基础的分析结果可以绘制在一个 MDS 解上。鉴于第 6 章讨论的嵌套成分的“轮廓图”可以随机地画在一张纸的各个位置上,那些与一个 MDS 的解相关的轮廓图则可以代表数据的一种更“自然”的排列。图 9.7 给出了这种程序的一个简单例子(参见 Knoke and Yang,2008:90-92)。

　　画出如图 9.7 所示的图之后,研究者就可以搜索聚类中各个点的某种共同特征,因为这些点是该空间中的一些独特邻域。这样,一个完整的解释就涉及到确定各个聚类,然后利用一些维度赋予各个点的

161

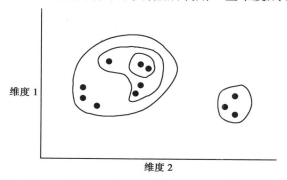

图 9.7　一个多维量表构型图

相对位置以某种意义。应该注意的是,这种解释的过程对研究者来说是一个创造性的、富于想象力的行动。它不是仅通过电脑就能完成之事。研究者仍然要控制这个过程,要对针对结论的各种解释负责。确实,人们不能保证对各个维度有什么实质性的解释:它们可能只是抽样或分析的人造物。例如在心理学中,关于智商(IQ)的测试真能反映普遍智力中的一个真实因子,还是无非再现了测试过程的特征而已,这个问题就有很多的争议。

网络可视化方面的进展

MDS 及相关的技术在将图论概念和空间观念整合在一起方面做了大量的工作。尽管如此,这些分析的结果——特别对于巨型社会网络来说——往往只是表现了点和线的稠密集合,而该集合不能轻易地进行可视化考察。因此,许多社会网络分析者探讨了是否可能将 MDS 与一些强大的结构建模技术结合在一起,这些技术有助于以更直观的方式来探讨网络结构并使之可视化。[14]

162 　弗里曼(Freeman,1996a)尝试提出了网络可视化的一般原则,在社会网络分析中设计并吸纳了很多物理学方法。他认为,为了突显点和线的关系性质,至少应该将它们着色或者区分出来,输出的结果应围绕着数据的最重要的结构性质加以组织,网络随时间而变的性质应该用动画程序(animation procedures)来展示。

如何将来自化学的分子建模方法用于社会网络数据,这是弗里曼最感兴趣之处。在这些技术中,点和线用三维的球和棒表示,这可以通过很多计算机程序实现,无需物理模型来展示。进行此项工作的最早尝试者之一是克劳夫达尔(Klovdahl,1981,1986,1989),他的 VIEW-NET 程序借鉴了分子建模方法,用简单的三维球-棒关系来表达点和线。

弗里曼大量使用了一种动画程序 MOVIEMOL,它可以展示(化学或社会)结构随时间的变迁。然而,这个程序对点的定位有限定,因为它假定化学法则可以控制一个点的位置。目前仍然难以为了分析社会网络数据而修正它,尽管弗里曼(Freeman,1996a)发现可用它分析小网络的变迁。

一个更有灵活性的建模程序是 MAGE。[15]该程序在安排点的位置方面更灵活(例如该程序可利用 MDS 的输出文件),并且可根据线的强度或多元度来画线。将这种程序与基于网络的虚拟现实建模语言(VRML)①可视程序(viewers)(它可以很容易地与诸如 Internet Explorer 和 Netscape 这样的网络浏览器整合在一起)链接在一起,就可能围绕它的多个维度对一个网络模型进行旋转,并可以扩大和缩小进而更细致地探讨该网络模型。MAGE 也可以展示历时性变化,尽管以一个静态序列而非连续流的方式来展示的。未来的发展可能利用一些形态学程序(morphing procedures)来创造出达到真正动态性的效果。第八章讨论的 SONIA 程序为历时性分析和可视化提供了各种技术(Bender de Mol and McFarland,2006;Bender de Mol et al.,2008)。

在处理大数据的时候,很多技术也与纸笔法同样有局限。然而,专门针对大数据设计的 PAJEK 程序及其屏幕展示法可以很容易建构和检查这样的网络,尽管它还没有提供移动的图像。然而,PAJEK 的确可以轻松地根据其内建的 MDS 解转换成二维和三维的视图,并且可以旋转该图以备检查。

针对大数据的新研究思路引入了各种形式的数据化简方法,即将点化约成大的结构,方便分析这些结构之间的关系。克雷姆珀尔(Krempel,1994,2005)提出一些简化大的、复杂结构的方法,目的是突显其本质特征。他的方法要利用一种简单的、任选的几何形作为"骨架",以此对一个网络的各个特征进行组织。当然,图 9.1 展现的圆形图只是这个程序的一个简单例子罢了,克雷姆珀尔也把圆作为他自己研究的基础。为了推广这种研究,他又设计了一种算法,该算法利用一些图论测度来生成关系数据与圆形之间的最佳拟合——恰如回归线是对散点图的最佳线性拟合一样。因此,在确定各个点环绕圆的位

163

---

①　VRML 为 Virtual Reality Modeling Language 的缩写。——译者注

置的时候,各种距离测度或中心度测度可作为审美标准。只要数据或多或少是由不同的子群体构成的,就可以把这些子群体作为一个大圆内部的各个独立圆来分析。已知的圆形为我们提供了一个解释实际网络的各个总体特征的熟悉结构。针对某些特殊的关系构型,克雷姆珀尔认为这个程序能够产生其"潜在结构"。

这个程序也为处理大规模数据集合提供了极大的可能。我们有可能把一次分析得到的低层次的圆压缩成能够代表整个子图的宏观点(macro-points)。然后可以生成一个有关宏观点的社群图,该图能够提供一个简化的、清晰的模型。研究者可以选择该社群图的任意一部分作深入分析,也可以解压一个宏观点以便考察其内部结构。这样看来,一个克雷姆珀尔图(Krempel diagram)就是由各种嵌套的圆构成的等级圆体系,其展示的细节数量依赖于哪些圆得到了压缩,哪些圆得到了解压。

精英、社区和影响

MDS 在社会学中的最早应用之一是由爱德华·劳曼(Edward Laumann)(Laumann,1966)于 1960 年完成的社区研究。该研究通过随后的一系列有关社区权力和精英结构的相关研究而得到了扩大和推广。这项研究出现在劳曼在哈佛大学的博士学位论文中,该论文是在霍曼斯指导下完成的,也表明受到了帕森斯和哈里森·怀特的影响。这项研究把帕森斯式系统理论的一般理论框架和哈佛学者的高级社会计量学研究结合在一起,将这些方法和理论引入到社区结构研究中。然而,在运行数据分析时坚持的导向尤其来自路易斯·格特曼(Louis Guttman)的研究工作,而劳曼在密歇根曾与之谋面。正是由于受到格特曼的影响,劳曼才决定利用非量纲式 MDS 分析他的关系数据。

劳曼的研究开始于博格德斯(Bogardus)的"社会距离"(social distance)观念,该观念出现在 1920 年代以来发表的各种文章之中(参见 Bogardus,1959 的总结)。在劳曼看来,社会距离代表了在各种职业位置的占据者之间发现的不同关系模式。这是一种"客观的"测度,能够测量出社区生活中各种社会位置的占据者之间相互联系程度的大小。劳曼把这种"客观的"社会距离概念与能动者在相互接受积极或消极态度之时可能体验到并表达出来的社会距离"主观"感受进行对比。如此看来,劳曼的研究工作严格地遵循如下思想传统,即将对社会计量学的关注从心理学(或者"主观"层次)领域向关系性关联的社会学层次转移。他的目的是对"客观的"社会距离进行操作化测量,然后运用 MDS 将它转化为一个社会结构的量纲图。

劳曼在波士顿和麻省的两个城区各抽取了一个男性白人样本,以便在样本中获得高度的职业多样性。他在最后一章讨论了一类位置研究,分析单位是职业位置而非个体本身。每种职业位置的占据者要回答的问题有:择友、亲属、邻里等,把这些回答组合在一起,就可以得到每个位置的汇总性测度。

最初的分析包括五类职业:高级专业和商务、半专业和中等事务、小职员和小买卖、熟练工、半熟练和非技能性工种。在建构包括频次资料的一系列位置-属性发生阵的时候,需要用到这 5 个社会位置,然后按照传统的列联表方法分析这些数据矩阵。统计分析表明,择友大大受到职业平等性的限制,而其他社会关系则比较容易包含不同职业位置的人。

然而,劳曼的工作真正创新之处在于应用 MDS 来揭示在不同的关系模式中是否内含一种等级结构(Laumann,1966:第 6 章)。常规的职业等级研究的基础是"声望"等级,即用对某些特定职业的受欢迎程度来测量其地位。劳曼放弃了这种研究思路,因为它依赖于一种"主观"的评价,他运用社会距离的实际关系模式来建构一种等级结构。他从邓肯(Duncan,1961)指标中选出 55 个职业位置,建构成一个55×55的发生矩阵,或者针对七种社会关系的每一种来构建"联合发生"(joint occurrence)矩阵。把各个独立的矩阵汇总成为一个表达不同关系的发生阵,并将发生阵中的标准化频数值看成相近性测度值。一个职业地位的成员与另一个职位的成员之间的互动频次越大,他们在社会空间中越"接近"。[16]

　　劳曼的分析结果表明,三维解可以给出与原始数据的最佳拟合。在一个三维空间中画出 55 个职业位置,并基于邓肯声望指数在相互接近的数据周围画轮廓线(Laumann,1966:图 6.3 给出了该构型的一个褶页图)。有关这种相当具有任意性的聚类的细节信息很少,这似乎恰恰内在于劳曼试图规避的"声望"假设之中。不管怎样,他对模型的解释仍然是有价值的。他把第一个同时也是最重要的维度看成是声望,这个维度上的分数与邓肯指数(Duncan index)之间的相关系数为 0.824。确实,似乎不同的关系模式确实遵循早期的声望研究所描述的模式。但是该模式不能仅根据一维术语来理解。然而,其他二个维度不容易解释,劳曼也没有对第二个维度给出任何令人满意的解释。他对第三个维度的尝试性解释是:该维度体现了企业家职位与有薪水的科层职位的对比。

　　后来,在劳曼于 1966 年进行的底特津(Detroit)研究进一步推广了这种社区结构研究(Laumann,1973)。劳曼的样本由 1 013 个白人男性构成,研究目的是探索在各种社会位置之间存在的朋友关系。这项工作延续了早期研究中对位置的关注,但是它从职业位置扩展到其他社会位置。这种研究方式与沃纳的开创性的位置研究有很多共通之处,但帕森斯(Parsons,1951)却是该研究的特别参考的理论点。

　　劳曼主要分析了有关友谊的族群-宗教和职业关系网数据。他最初分别分析了族群性和宗教,但却发现,如果把它们合成单个关系的话,就会得到一个更好的 MDS 解。22 个族群和 15 个宗教群体组成 27 个族群-宗教群体,并根据其成员之间的"择友"数据计算出不相似性测度值。他给出的三维解(Laumann,1973:图 3.3)显示出强大的第一维,该维度把新教徒(Protestants)、天主教徒(Catholics)和犹太教徒(Jews)分离开来。第二维似乎测量了经济地位,并且与家庭收入密切相关,而第三维测量了参与教堂活动的频次。因此,族群-宗教群体要根据宗教、收入和教堂参与这三个维度来构建。例如,把天主教徒分为高收入组和低收入组,并且独立地根据参与教堂活动的频数来细分。在社会空间中,可识别的职位聚类通常拥有其族群基础。

　　在劳曼的研究中,职位分析包含 16 个职业组,研究发现一个二维

解可达到最佳拟合。他对这些数据的讨论充分地肯定了前期研究的
结果,再次得出结论认为,第一维度是地位或声望(它与收入和教育获   166
得相关),第二维度把企业家身份与官僚制身份区分开来。

与帕佩(Pappi)合作,劳曼吸收了亨特(Hunter, 1953)、达尔
(Dahl, 1961)的研究,探讨了社区权力(Laumann and Pappi, 1973,
1976),进一步将自己关于社区结构的分析推广到"精英"层次。他们
研究了西德的一个名为于利西(Julich)的小镇,并起了一个学名:奥纽
斯塔德(Altneustadt)。在 1950 到 1960 年代之间,该镇迅速扩张,在原
居民和迁入者之间出现了社群隔离,他们分别拥有自己的政治关注
点,即基督教民主同盟(Christian Democratic Union)和社会民主党
(Social Democratic Party)。该研究在方法上仍然坚持位置导向。尽管
对各个位置的个体占据者进行了抽样,但重要的是各个位置之间的关
系。他们关注的社会位置是在帕森斯式的 A、G、I、L 体制子系统中的
最高权威位置。他访谈了 46 个这些位置的占有者,要求每个人指出
其他 45 人中哪个人在小镇中最有影响力。在如下这一点上达到高度
共识:"Herr K"作为最具影响力的人物赢得 46 票,因为在该位置上他
也进行了自荐,显然,研究者必须认真地考虑矩阵的对角线。劳曼和
帕佩在三种社会关系中考察这 46 个人之间的互动:商业和专业关系、
"社会的、表达性"的关系(例如根植于教育、宗教和居住地上的关系
等)和社区的各种事务关系(政治联盟和结盟)。

针对每一种社会关系都画出社会计量学的选项图,但是,由于研
究者仅对一种关系的有无(而不是方向)感兴趣,这些关系要转化为对
称矩阵。在非量纲式的 MDS 中需要用到捷径矩阵,针对每一种关系
都要产生二维解。对由此产生的结构赋予的解释是:在由各个点组成
的构型中,可以把趋于核心的位置看成在社区结构中具有"整合性中
心度"(integrative centrality)的指标。"社区事务"网显示了社区的政
治结构,该结构的中心区域由在权力结构中有影响人物的"内核"构
成。图 9.8 展示了劳曼和帕佩给出的于利希小镇社区权力结构的简化
图。各个点被安排在中心度递减的各个区域之中,可以画出各条政治
部门线,把那些对五个关键的社区问题的每一个都持有相左意见的群

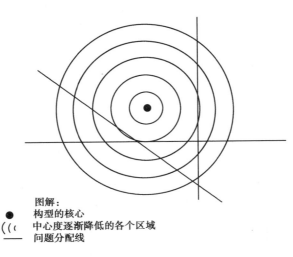

图解:
● 构型的核心
(((中心度逐渐降低的各个区域
—— 问题分配线

图 9.8　社区精英结构

体分开。将中心度和问题分工结合,可在社区权力结构中确认出大量的不同的部门。

在进一步研究某些类型的社区权力,突显地方精英的存在方面,有证据表明 MDS 是一种有用的技术。令人印象极为深刻的是,该技术也被用于对国家层次精英的研究。劳曼和帕佩用声望方法来发现当地精英,而莱文(Levine,1972)却运用商业中的连锁董事关系来确认国家层次的经济精英(参见 Scott,2012)。

在新一代的哈佛研究者中,莱文是最初的网络学者之一,他开创性地运用 MDS(而非图论)作为社会网络分析的技术。他运用 1966 年佩特曼(Patman)对美国银行运作的调查数据,探讨了 100 强工业公司以及它们与 3 个城市中的 14 家银行之间的关系。在这些企业中,共有 70 家与银行有连锁关系,所以,莱文构建了一个 70×14 发生阵,用来展示每一对企业共享的董事数目。共享的董事数被看成是公司之间的一种"偏好"或"相似性"测度。分析发生阵可以构建一个联合空间,在该空间中可对银行和公司进行定位。

莱文的分析结果表明,三维解可以达到与初始数据的最佳拟合,莱文对其中的两个维度作出了如下社会学解释。首要的、最重要的维度显示了数据的区域性结构,它把纽约、匹兹堡和芝加哥的企业分开。

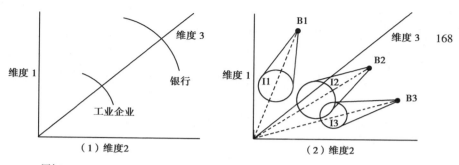

图解：
B1，B2，B3：各家银行
I1，I2，I3：与每家银行有关的工业企业

图 9.9   多维量表和银行连锁

他并没有解释第二个维度，但是莱文认为，第三个维度把银行与企业分开。他的结论汇总在图 9.9 中。

在莱文看来，围绕联合空间的中心形成了一个球形结构。这个球形结构是由类似于洋葱的分层排列或者同心圆壳层组成的。沿着第三维可以看到，工业企业位于球形区域的不同内圈，而银行则位于同一维度的外围。这个模式反映在图 9.9 的（1）中。各个企业在图中各个壳形轮廓的确切位置由第一维度和第二维度来描述，这表明银行和工业企业都分别围绕各自的壳层在地域上有所分化。

莱文认为，这个球形结构的中心位置被一些<u>孤立的企业</u>（即不存在任何连锁的企业）占据。将这些企业从他的数据集中去掉，在最终构型的中心就是空的。[17]与一些特定的银行（这些银行被马克思主义者描述为金融利益集团）相联系的工业企业聚类可以被看成是球形区域中的各个部门或"楔子"，如图 9.9 的（2）所示。如果从每家银行向球心画一条线，那么每条线或向量就是球形区域中该银行部门的中心线。[18]工业企业与银行之间的空间距离要沿着该向量进行测量，其值表明与银行的紧密程度，该向量与把工业公司与球心连接在一起的线之间的夹角就测量了该工业企业在楔子中在多大程度上居于边缘地位。

莱文虽然把工业-银行连锁关系的整体构型描绘成一个球形，他也把与每家银行联系的楔子描述成为它们的"影响域"。使用这些概念的依据在于这两个术语关乎有关同一结构的不同观点。从每家银行的立场出发来考虑,会发现有一些关联球围绕着它们。如果从所形成的圆锥形楔子的顶点来看待其连锁的企业(参见图9.9),银行会将这些企业看成是围绕它的循环模式排列的。但是,这些银行的影响域如此相互交织,以至于产生总的球形的联合空间构型。从整个结构的角度看,银行球域似乎作为公司之间的大型关系球域的圆锥楔子而存在。莱文把这种视角的差别等同于有关星系的地心说和日心说之间的差别。莱文并不关注某些特定银行的自我中心域,而是进行视角的转换,关注总体结构本身的社会中心特征。

　　莱文最后考虑的问题是如何在一个二维平面上最佳地表达他的三维构型。图9.9运用透视画法技巧做到了这一点,但是该方法的局限性已显示出来。为了提高他的展示力,莱文转向地理学家采用的投影制图法(cartographic projection),用它在平面上绘制地球的三维结构。由MDS程序本身可以产生二维图景,莱文拒绝运用任何这样的图景,因为其基础是"平行投影法"(parallel projection)(它来自无限的观点),这个投影法因伴有失真而很少被制图者使用。图9.10展示了这一点,在该图中,山基和山顶在平行投影中是分离的两点。在平行投影中,顶点和基点在纵向的分离造成在结果图中横向和侧向的分离。

　　为了解决这个问题,莱文设计了从中心点出发的一种"点投影"形式。在制图学中,这种形式被命名为日晷指针投影(gnomonic projection)。在这个投影中,所有处在同一条半径上的点被绘在页面的同一位置上。因此,如图9.10所示,山的顶点和基点出现在单点上。对

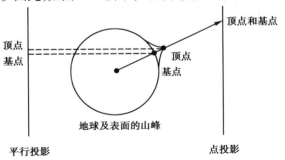

图 9.10 　可选择的两种投影

莱文数据的充分表达将清晰地展示出某些银行和与之相关的工业企业之间的关系：它们应该在页面上作为明确的聚类出现。莱文论证道，一个日晷指针投影将满足这个要求。每家银行出现在其聚类的绝对中心位置，而处于球内层的工业企业更接近于与之相关联的、处在外层的银行。利用这种方式，各个独立的"银行影响域"仍然保留在整个结构图中。该构型的日晷指针投影如莱文（Levine，1972）图9.10所示。

171

  莱文的研究很重要，它标志着社会网分析方法的前景和成就。它是由哈佛大学网络分析新小组的第一代学者作出的开创性研究之一，然而到目前为止，它可能仍然是在实际运用中如何进行网络分析的最超前的例子。莱文的研究把自我中心网和社会中心网整合在一起，把网络嵌入多维空间之中形成一个有凝聚力的模型。它开拓了思路，提供了一种研究框架。在该框架中，图论的重要概念——密度、中心度和所有类型的社会圈——可与用来描述区域的和工业部门的位置概念结合在一起，并且可以在复杂但易懂的图中得到展示。基于计算机的可视化技术只能在莱文写作的年代以后出现，它为此类分析提供了进一步发展。本书的目的是澄清一些最重要的理论观念，这些观念必须包括在这种方法论和理论的综合中。

注释

  1 KRACKPLOT 程序包含用来建构这些环形图的程序，尽管排列这些点的顺序仍要由研究者来决定。PAJEK 程序建构环形图，使用试错法来发现使得线的交叉最少的数据的最佳拟合。

  2 MDS 也可用来揭示属性数据的特征，但这超出了本书的范围。

  3 欧氏量纲还有额外的功能，此处无须过多讨论。总的来说，一个欧氏量纲允许使用所有常见的算术运算（加、减、乘、除），并且它也符合传统的学院几何学原理（如毕达哥拉斯定理）。也有人提出过其他量纲模型（而不是欧几里德模型），但它们在社会网络分析中不是特别重要。其中一个是曲线空间"黎曼式的"量纲①（Reimannian metric），毕达哥拉斯定理以及其他我们熟悉的定理在该空间

---

① 黎曼（Georg Friedrich Bernhard Reimann，1826—1866），德国数学家。1954 年演讲的《关于几何基础的假设》建立了黎曼空间的概念，后来成为广义相对论的数学基础。我们的宇宙空间就是黎曼空间，光线在黎曼空间中是弯曲的。——译者注

中是不适用的。

4 这一点刻画了量纲式 MDS 的特征。与之稍有不同的非量纲式 MDS 路数将在本章后文讨论。从大多数实践的目的来讲，一种似乎能产生与 MDS 类似结果的程序是弹性嵌入(spring embedding)程序(Kamada and Kawai,1989)。虽然它在 PAJEK 程序中使用过，但是其根基还没有在二手文献中论及。

5 有时"不相似性"又被称为"差异性"。

6 就 A 的位置来说，确实恰恰存在一个类似的反射问题。如果初始线被画成 BA 方向而不是 AB 方向(即沿着相反的方向)，那么线 ABC 将会沿着线 BC 反射。感兴趣的读者可以亲自尝试。

7 PAJEK 利用非量纲式 MDS,本章后文将有讨论。

8 有一点需要特别注意,即不要把在主成分分析中使用的"成分"概念与图论中的"成分"概念相混淆。在图论中,成分是图中的一个特定部分;在主成分分析中,成分指的是"维度"或"因子"。

9 所描述的程序会产生一个变量散点图。类似的方法可以给出案例散点图。在某些文献中,案例-案例分析被称为 Q-模式主成分分析,区别于常见的变量-变量 Q-模式分析。Q-模式和 Q-模式分析主要在处理属性数据的时候才有关系。需要记住的是,PCA 通常以 R-模式执行,分析的是初始矩阵的列。因此,对案例-隶属项发生阵的社会计量学考察会导致对隶属项的分析。如果研究者希望探讨案例之间的结构,则需要将矩阵转置,使行变成列,如在 Q-模式的 PCA 一样。重要的是,不要将 Q-模式分析与阿特金的 Q-分析相混淆,后者在第 6 章中有所涉及,本章稍后也会提到。

10 对于不对称的邻接矩阵来说,通常可以产生一个联合的行和列的解,该解展示了由个案占用的联合空间。

11 参见克鲁斯卡尔和威什(Kruskal and Wish,1978)、考克森(Coxon,1982)。关于非量纲式 MDS 的初始文献有谢泼德(Shepard,1962)、克鲁斯卡尔(Kruskal,1964a,b)、格特曼(Guttman,1968)及林格斯和洛斯坎(Lingoes and Roskam,1973)。

12 由于最初的型构只是为检验而生成的,所以其来源并不重要。因此,一个量纲程序可用来生成这种初始型构。

13 严格地讲,这已经过度简化了,但它与检验拟合优度时使用的一般原理相对应。最一般的原则是数据等级和距离等级之间的关系是"单调的"。也就是说,即使不一定与轴形呈 45 度角,线还是单调地向右上方移动。

14 参见(Krempel,2011)的有益综述。

15 UCINET 自带转换程序,能够将自己的输出结果转变成 MAGE 和其他分子建模程序要求的文件格式。

16 该矩阵虽然是方阵，但却是不对称的，因为列代表各个回答者，而行代表这些回答者宣称的与自己互动之人。在此意义上，数据是从列指向行的。因此，劳曼使用的是格特曼-林格斯（Guttman-Lingoes）程序的非对称变体，该版本通常用于长方形的发生阵之中。

17 注意，把球的"中心"等同于第 5 章讨论的某种网络中心度观念，这种做法从根本上说是错误的。事实上，在莱文的分析中的"中心"与劳曼和帕佩讨论的"中心"恰恰相反。这是因为莱文使用的是相似性数据，而劳曼和帕佩使用的是不相似性数据（dissimilarities）。在莱文的分析中，中心是相似性最小的零点。悖谬的是，莱文的"中心"包含最"外围"的点，银行占据的指向区域（sphere）外层的位置支持了比尔登等学者（Bearden et al.，1975）关于银行中心性的观点。

18 在这种情境下，一个向量无非是穿过构型的一条线。   172

参考文献

Abell, P. (1986) *The Syntax of Social Life*. Oxford: Oxford University Press.

Alba, R. D. (1973) 'A Graph Theoretic Definition of a Sociometric Clique', *Journal of Mathematical Sociology*, 3.

Alba, R.D. (1982) 'Taking Stock of Network Analysis: A Decade's Results', *Research in the Sociology of Organizations*, 1.

Alba, R.D. and Kadushin, C. (1976) 'The Intersection of Social Circles: A New Measure of Social Proximity in Networks', *Sociological Methods and Research*, 5.

Alba, R.D. and Moore, G. (1978) 'Elite Social Circles', *Sociological Methods and Research*, 7.

Allen, M.P. (1980) 'Cliques Versus Clusters in Corporate Networks', Paper presented to the Pacific Sociological Association, San Francisco.

Anderberg, M.R. (1973) *Cluster Analysis for Applications*. New York: Academic Press.

Ansell, C. (2001) *Schism and Solidarity in Social Movements*. New York: Cambridge University Press.

Antal, T., Krapivsky, P.L. and Redner, S. (2006) 'Social Balance on Networks: The Dynamics of Friendship and Enmity', *Physica D*, 224.

Anthonisse, J. (1971) *The Rush in a Directed Graph*. Amsterdam: University of Amsterdam Mathematical Centre.

Arabie, P., Boorman, S.A. and Levitt, P.R. (1978) 'Constructing Blockmodels: How and Why', *Journal of Mathematical Psychology*, 17.

Arensberg, C.M. and Kimball, S.T. (1940) *Family and Community in Ireland*. London: Peter Smith.

Aron, R. (1964) *German Sociology*. Glencoe: Free Press.

Atkin, R. (1974) *Mathematical Structure in Human Affairs*. London: Heinemann.

Atkin, R. (1977) *Combinatorial Connectivities in Social Systems*. Basle: Birkhauser.

Atkin, R. (1981) *Multidimensional Man*. Harmondsworth: Penguin.

参考文献及索引
全文,请扫码阅读

译者后记

    本书是《社会网络分析》的第 3 版，在第 2 版的基础上进行了比较大的修改，新加入一章讨论动态网络。承蒙重庆大学出版社的信任，本人才继续学习和翻译第 3 版。中国社会科学院社会学所沈崇麟研究员对本书第 2 版译稿的出色校对使译者受益良多，在此深表谢意。

    社会网络无处不在，社会网络分析法必然有一定的"普适性"，当代社会网络分析领域也多关注网络"技术"，较少关注其"意义"维度。中国社会是情理交融的关系社会，中国人更注重"人情""面子""关系"等。因此，如何将对关系的诠释性理解和因果性说明有机地结合在一起，开展中国"特色"的社会网络研究，进而有助益中国的"社会"建设，这仍然是亟待学界研究的问题。

    中国的社会网络研究已经有近 30 年的时间，有关术语的翻译未达成共识，本人对一些术语的翻译谨代表我个人的意见。本书的原文虽然不算太难，但要使译文都"信""达""雅"，几乎不可能，至少这个"雅"就颇考验译者的学养。尽管本人尽力提升译文的质量，但译文不当甚至错漏之处在所难免，恳请读者批评指正。哈尔滨工程大学社会学系张津梁、耿家臻、周莹、尹振宇、顾庆等多位同学帮我校对译稿，一并致谢！

刘　军

2015 年 11 月 8 日